KB164699

파이썬으로 데이터 마이닝 시작하기

Korean edition copyright ⓒ 2020 by acorn publishing Co. All rights reserved.

Copyright ⓒ Packt Publishing 2019.
First published in the English language under the title
'Python Data Mining Quick Start Guide - (9781789800265)'

이 책은 Packt Publishing과 에이콘출판㈜가 정식 계약하여 번역한 책이므로
이 책의 일부나 전체 내용을 무단으로 복사, 복제, 전재하는 것은 저작권법에 저촉됩니다.

파이썬으로 데이터 마이닝 시작하기

데이터의 수집, 로딩, 변환, 클러스터링, 예측까지

나단 그리넬치 지음   조종희 옮김

i!i
에이콘

 에이콘출판의 기틀을 마련하신 故 정완재 선생님 (1935-2004)

나의 자녀 본과 베라에게 바친다.
그들은 내가 가는 모든 길을 비춰주는 촛불이다.

| 지은이 소개 |

나단 그리넬치 Nathan Greeneltch

인텔 소속의 엔지니어로, 인공지능 컨설팅 부서에서 데이터 마이닝과 분석 전문가로 일하고 있다. 지난 10년 동안 스타트업과 제조 분야 대기업에서 파이썬 분석 업무를 해왔다. 분석 분야에 입문하는 신입 사원과 엔지니어를 정기적으로 멘토링하고 있으며, 인텔에서 강연을 통해 수시로 지식을 공유하고 있다. 일리노이주 에반스턴에 위치한 노스웨스턴 대학교에서 물리화학을 전공했으며, 작은 분자의 진동 신호 표면 향상을 주제로 박사 논문을 썼다. 미국 남동부에서 자랐으며, 가족의 반은 아칸소 출신이고 나머지 반은 플로리다 출신이다.

이 책의 시작부터 완성까지 변함없이 격려를 보내준 아내 리앤에게 고마움을 표한다. 리앤이 없었으면 이 책이 나오지 못했을 것이다. 또한 수년간 내가 적용해왔던 설명 스타일과 교수법에 공헌해준 수많은 학생들과 동료들에게 감사한다. 많은 분들에게 감사하지만, 특히 마틴, 마이클, 리우, 난, 프리티, 브릿에게 감사한다. 마지막으로 나를 도와주고 이 책에서 공유하려는 관점에 영감을 불어넣어준 가족에게 감사한다.

줄리안 퀵 Julian Quick

콜로라도 대학교 대학원에 재학 중이며 난기류 흐름 모델링을 전공하고 있다. 풍력 에너지 시스템의 최적화와 불확실성 계량화에 관심이 많다.

나를 지도해주시는 피터 햄링턴 교수님과 라이언 킹 교수님의 변함없는 인내와 격려에 감사한다.

| 옮긴이 소개 |

조종희(jonghee.j.jo@gmail.com)

데이터를 활용한 비즈니스 환경에서의 과학적인 의사 결정 및 업무 성과의 최적화가 주요 업무 분야다. 포드자동차, JP모건 체이스, 빅토리아 시크릿 등의 세계적인 브랜드에서 10년 넘게 마케팅 분석 관련 경력을 쌓았고, 카네기 멜론 대학교에서 분석적 마케팅 전공으로 MBA를 마쳤다. 「하버드 비즈니스 리뷰 코리아」의 객원 번역가로 활동했으며 미국 조지아 대학교, 한양대학교 등에서 강의했다.

| 옮긴이의 말 |

데이터 마이닝의 개념이 학계와 산업계에 소개된 지 오래됐지만, 고급 통계 패키지나 컴퓨터 프로그래밍을 경험해보지 못한 사람들도 쉽게 이해하고 간편하게 활용할 수 있는 안내서는 지금껏 찾기 힘들었다.

이 책은 데이터 마이닝 패키지나 컴퓨터 프로그래밍 관련 경험이 없는 독자도 차근차근 쉽게 따라 할 수 있도록 알기 쉬운 예제와 파이썬 프로그램을 활용한 해결 방법을 제공하므로, 데이터 마이닝에 관심이 있는 학생과 직장인에게 좋은 입문서가 될 것이다.

우리나라에서 데이터 마이닝의 대중화를 앞당기는 데 이 책이 조금이나마 도움이 되길 바란다.

| 차례 |

6장   회귀와 분류를 이용한 예측   151

인기 있는 무료 파이썬 라이브러리들을 활용한 데이터 마이닝을 소개한다. 이 책은 대화체로 쓰여졌고, 독자에게 인사이트^{insight}(통찰)를 주는 동시에 읽기 쉬운 책이 되고자 한다. 데이터 마이닝은 전통적 분석 기법으로는 발견하기 힘든 여러분의 데이터로부터 인사이트를 이끌어내기 위해 설계된 분석 기법의 통칭이다. 데이터 마이닝의 분야는 광대하므로, 이 책의 주제는 데이터 마이닝 영역의 적합성뿐만 아니라, 이에 관련한 머신 러닝과 인공지능의 영역까지 고려해서 선택했다. 전반부에서는 데이터의 수집, 로딩, 변환 등에 익숙해질 수 있도록 돕고, 후반부에서는 개념적인 내용을 다룬다. 이 개념들은 먼저 직관적 원리부터 소개되고, 크게 변환, 클러스터링, 예측으로 나뉜다. 주요 요소 분석 principal component analysis(PCA), K-평균 클러스터링$^{K-means\ clustering}$, 서포트 벡터 머신^{support} vector machine(SVM), 랜덤 포레스트$^{random\ forest}$와 같은 인기 있는 기법들은 후반부에서 다룬다. 그리고 파이프라인과 자신의 분석 모델을 구현하는 것으로 마무리한다.

▌ 이 책의 대상 독자

파이썬을 활용한 데이터 마이닝과 분석 분야의 초보자를 위한 책으로, 독자가 파이썬 프로그래밍 경험이 거의 없으며 고등학교 수준을 넘어서는 수학 실력은 갖추지 못한 것으로 가정하고 서술했다. 이 책에 사용된 모든 파이썬 라이브러리는 많은 플랫폼에서 무료로 구할 수 있으므로, 인터넷에 접속할 수 있다면 책에 소개된 개념을 배우고 연습할 수 있을 것이다.

▌ 책의 구성

이 책의 처음 세 장은 데이터 마이닝 프로젝트의 구조적인 내용을 다룬다. 데이터 마이닝 파이썬 환경의 생성, 다양한 소스로부터의 데이터 로딩, 다운스트림 분석을 위한 데이터 변환을 살펴본다. 나머지 장에서는 주로 개념을 다루며, 내가 근무하는 회사에서 신입 사원을 교육할 때와 비슷하게 대화체로 서술했다.

1장. 데이터 마이닝과 파이썬 도구 입문 독자의 소프트웨어 환경에서 파이썬을 시작하는 법을 다룬다. 파이썬과 pandas, scikit-learn, seaborn 같은 인기 있는 라이브러리를 설치하는 법을 알려주므로, 환경을 설정하고 나면 다음 설명을 따라갈 수 있다.

2장. 기본 용어와 종합적 사례 데이터 마이닝에서 요구되는 기본적 통계와 데이터 용어를 소개한다. 이 장의 끝부분에서는 종합적인 예제를 다루고, 다음 장에서 소개할 여러 기법을 보여준다. 2장을 읽으면 분석이 의미하는 사고의 과정과 업무에서 맞닥뜨리게 될 문제의 해결을 위한 일반적인 단계를 좀 더 명확히 이해할 수 있다.

3장. 데이터의 수집, 탐구, 시각화 데이터베이스, 디스크, 웹에서 데이터를 불러오는 기본적인 방법을 살펴본다. 기본적인 SQL 질의와 pandas의 접근 및 검색 함수를 다루며, seaborn을 사용한 주요 플롯^{plot} 형태들을 소개한다.

4장. 분석을 위한 데이터 클리닝과 준비 데이터 클리닝과 차원 감소의 기본을 다룬다. 어떻게 미지의 값을 처리하고, 입력 데이터를 리스케일하고, 카테고리 변수를 다룰지 이해하게 될 것이다. 또한 고차원 데이터의 문제를 필터, 래퍼^{wrapper}, 변환 기법 등의 특징 감소 기법을 사용해 어떻게 해결하는지 알아본다.

5장. 데이터의 그룹화와 클러스터링 데이터 마이닝을 위한 클러스터링 알고리즘 설계의 배경과 사고 과정을 설명한다. 그리고 실무에서 사용하는 클러스터링 기법들을 소개하고 모의 데이터를 사용해 이들을 비교한다. 이 내용을 배우면 평균 분리, 밀도, 연결성에 기반한 클러스터링 알고리즘 간의 차이를 알게 될 것이다. 또한 데이터의 플롯을 해석하고 여러분의 데이터 마이닝 프로젝트에 클러스터링이 적합한지 파악하는 데 필요한 인사이트를 얻을 수 있다.

6장. 회귀와 분류를 이용한 예측 손실 함수와 기울기 하강을 통해 예측 모델을 학습하기 위한 기본적인 방법을 다룬다. 그다음에는 과대적합, 과소적합과 적합 과정에서의 모델 정규화를 위한 페널티 접근의 개념을 살펴본다. 그리고 표준적인 회귀 및 분류 기법들과 각각의 정규화된 버전을 다룬다. 교차 검증과 그리드 검색을 포함한 모델 튜닝의 모범 사례를 다루면서 마무리한다.

7장. 고급 주제: 데이터 처리 파이프라인의 생성과 사용 scikit-learn 기법을 사용해 파이프라인을 생성하고 적용하기 위한 전략을 살펴본다. 이어서 모델 유지 및 저장을 위한 pickle 모듈을 살펴보고, 구현 시점에서 발생하는 파이썬 관련 문제를 다룬다.

▌ 이 책을 최대한 활용하는 방법

중고등학교에서 배우는 수학적 원리를 이해하고 있어야 이 책의 내용을 충분히 활용할 수 있다. 이 책에 나오는 가장 복잡한 수학적 지식은 행렬과 시그마(합) 기호에 대한 이해다. 리스트, 딕셔너리, 함수 등과 같은 파이썬 기초 지식도 갖춰야 하며, 그 지식이 충분치 않다고 생각되면 이 책을 읽기 전에 인터넷 검색 등을 통해 찾아볼 것을 권한다.

기본적으로 초보자를 위한 책이므로, 무엇보다 열린 마음과 배우고자 하는 의지가 가장 필요하다.

예제 코드 파일 다운로드

이 책에서 사용된 예제 코드는 http://www.packtpub.com/support를 방문해 이메일을 등록하면 받을 수 있으며 깃허브(https://github.com/PacktPublishing/Python-Data-Mining-Quick-Start-Guide)에서도 받을 수 있다. 코드가 업데이트되면 깃허브 리포지토리에도 업데이트될 것이다.

또한 에이콘출판사의 도서정보 페이지인 http://www.acornpub.co.kr/book/python
-data-mining에서도 예제 코드를 다운로드할 수 있다.

컬러 이미지 다운로드

이 책에 사용된 스크린샷과 다이어그램의 컬러 이미지를 담은 PDF 파일이 별도로 제공
된다. https://www.packtpub.com/sites/default/files/downloads/9781789800265_
ColorImages.pdf와 에이콘출판사의 도서정보 페이지인 http://www.acornpub.co.kr
/book/python-data-mining에서 컬러 이미지를 다운로드할 수 있다.

▌ 편집 규약

이 책에서는 독자의 이해를 돕고자 다루는 정보에 따라 글꼴 스타일을 다르게 적용했다.
이러한 스타일의 예와 의미는 다음과 같다.

코드 블록은 다음과 같이 표시되고 #은 주석을 의미한다.

```
from sklearn.cluster import Method
clus = Method(args*)
# 입력 데이터에 적합시키기
clus.fit(X_input)
# X_input의 클러스터 할당
X_assigned = clus.labels_
```

명령행 입력이나 출력은 다음과 같이 표기한다.

```
(base) $ spyder
```

화면상에 표시되는 메뉴나 버튼은 다음과 같이 고딕체로 표기한다.

"Administration 패널에서 System Info를 선택하라."

 경고나 중요한 노트는 이와 같이 나타낸다.

 팁과 요령은 이와 같이 나타낸다.

▌고객 지원

독자들로부터의 피드백은 언제나 환영이다.

정오표

내용을 정확하게 전달하기 위해 최선을 다했지만, 실수가 있을 수 있다. 이 책에서 문제점을 발견했다면 출판사로 알려주길 바란다. www.packtpub.com/submit-errata에서 책 제목을 선택하고 Errata Submission Form 링크를 클릭한 후 세부 사항을 입력하면 된다. 한국어판은 에이콘출판사의 도서정보 페이지 http://www.acornpub.co.kr/book/python-data-mining에서 정오표를 제공한다.

저작권 침해

인터넷에서 어떤 형태로든 팩트출판사 서적의 불법 복제물을 발견하면 해당 주소나 웹사이트의 이름을 알려주길 바란다. 의심되는 불법 복제물의 링크를 copyright@packtpub.com으로 보내주면 된다.

문의

이 책에 대해 질문이 있다면, 제목에 책의 이름을 언급한 후 customercare@packtpub.com으로 이메일을 보내면 된다. 한국어판에 관한 질문은 이 책의 옮긴이나 에이콘출판사 편집 팀(editor@acornpub.co.kr)으로 문의할 수 있다.

1

데이터 마이닝과
파이썬 도구 입문

데이터 마이닝은 어떤 면에서 보면, 정보화 시대가 열리면서 불가피하며 예측 가능한 응답이 됐다. 현대의 글로벌 경제는 갈수록 거의 모든 부분에서 정보와 데이터의 거대한 흐름에 의지하고 있다. 정보의 바다로부터 실행할 수 있는 인사이트에 이르는 길에는 여러 단계가 있다. 데이터 마이닝은 보통 그 파이프라인에서의 패턴 혹은 트렌드 발견 단계로 정의된다.

이 책은 데이터 마이닝을 알려주는 간편한 안내서며 K-평균 클러스터링, 랜덤 포레스트 예측, 주요 요소 분석 차원 감소 등 데이터 분석가들 사이에서 자주 사용되는 중요한 기법을 다룬다. 그리고 데이터 분석을 도와줄 수 있는 팁들과 스크립팅 도구들을 제공할 것이다. 단순히 도구만 제공하는 것이 아니라, 무엇이 이 도구들을 유용하게 만드는지, 그리고 왜 그 도구들을 배워야 하는지도 함께 설명할 것이다.

전반부에서는 데이터 수집과 준비에 대한 상세 사항을 설명한다. 후반부에서는 좀 더 개념적인 사항들을 설명하고 변환, 클러스터링, 예측에 관한 주제들을 다룬다. 개념적인 사항들은 4장 중반부터 시작되고, 독자와 대화를 나누는 형태로 서술했다. 이 대화들은 인텔 사무실의 칠판에서 내가 수년간 진행했던 교육 과정의 경험들에 기반한 것이다. 이 책의 마지막 장에서는 이 모델들의 구현을 다룬다. 이 주제는 새로운 분석가들을 위한 자연스러운 다음 단계이며, 다음 단계를 위한 준비가 됐다고 생각할 때 도움이 될 안내와 참고를 제공할 것이다.

이 장에서는 다음의 주제들을 다룬다.

- 기술적, 예측적, 처방적 분석
- 이 책에서 다룰 사항과 다루지 않을 사항
- 데이터 마이닝을 위한 파이썬 환경 설정
- 아나콘다와 콘다 패키지 매니저 설치
- 스파이더 IDE 실행
- 주피터 노트북 실행
- 고성능 파이썬 설치
- 추천 라이브러리와 설치 방법

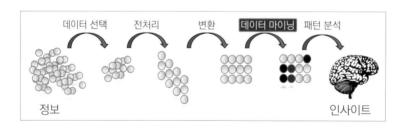

TIP 데이터 분석가는 사전 데이터 선택, 전처리, 변환 단계뿐만 아니라 이어지는 패턴과 트렌드 평가도 잘 알아야 한다. 전체 프로세스에 대한 지식과 목표들을 이해하는 노력은 데이터 마이닝의 방향을 인도하고 전체적 목표와 나란히 움직일 수 있도록 해줄 것이다.

▌기술적, 예측적, 처방적 분석

데이터 분석 실무자들은 그들의 작업을 일반적으로 다음 세 가지 영역으로 나눈다.

- **기술적(descriptive) 분석**: 기술적 분석은 데이터 분석에서 가장 오래된 영역이고 데이터를 깊숙이 파고들어서 이전에 발견되지 않은 트렌드, 그룹 혹은 다른 패턴들을 발견하는 것을 의미한다. 이 분석은 데이터 마이닝 분야의 창시자들에 의해 주로 행해졌던 분석이고, 여러 해 동안 데이터 마이닝과 동의어로 여겨졌다. 하지만 예측적 분석이 2000년대 초반에 머신 러닝의 개발로 인해 많이 발전했고, 데이터 마이닝 커뮤니티에서 이뤄졌던 많은 분석은 예측에도 유용한 것으로 밝혀졌다.

- **예측적(predictive) 분석**: 예측적 분석은 이름이 의미하듯이 미래 결과를 예측하는 것이고, 과거의 기술이 미래의 행동으로 연결된다는 가정에 의존한다. 이 개념은 기술적 분석과 예측적 분석 사이의 강력하고 피할 수 없는 관계를 잘 설명해준다. 최근에는 예측의 다음 단계로서 처방적 분석으로 업계의 발전이 이뤄지고 있다.

- **처방적(prescriptive) 분석**: 처방적 분석은 고객의 목표에 의존하고, 예측에 대한 개인화된 점수화scoring 시스템을 추구하며, 아직도 상대적으로 성숙되지 않은 분석의 한 분야다. 이러한 분석은 다양한 응답 전략의 모델링과 개인화된 점수화 시스템에 대한 평가로서 이뤄진다.

위 내용을 잘 요약한 다음의 표를 참고하라.

분석의 유형	해당되는 문제
기술적	무엇이 일어났는가?
예측적	다음으로 무엇이 일어날 것인가?
처방적	우리는 어떻게 대처해야 하는가?

▮ 이 책에서 다루는 것과 다루지 않는 것

업계에서 많이 언급되는 간단한 데이터 마이닝은 '이전에 알려지지 않았던 관계 혹은 트렌드에 관한 기술적/예측적 분석'으로 간단히 정의할 수 있다.

이 정의와 같이, 이 책에서는 이 주제들을 다루고 명확한 예측의 자동화에 치중하는 예측적 분석과 처방적 분석은 제외한다. 이 책은 개론서이므로, 연구에 합당한 주제들도 가볍게 훑고 지나가며 요약될 것이다. 이 책에서 소개된 주제를 더 깊이 연구하고 싶은 독자들은 추가 학습을 위한 추천 도서 부분을 참고하라.

전처리와 데이터 변환은 보통 데이터 마이닝의 범주에 들어가지는 않는다. 이 책의 목표 중 하나는 전반적인 데이터 마이닝 예제를 제공하는 것이고, 기본적인 전처리는 그것을 위해 필요하다. 그러므로 이 책은 전통적인 데이터 마이닝 전략을 다루기 전에 그 주제들을 다룬다.

 이 책에서는 내가 데이터 마이닝을 현실의 문제에 적용하면서 배웠던 다양한 팁들을 알려줄 것이다. 그 내용은 이와 같은 팁 박스 설명을 통해 소개될 것이다.

추가적인 학습을 위한 추천 도서

아래의 도서들은 심화 학습을 하고 중요한 관련 주제에 입문하는 데 적합하다. 데이터 마이닝 전문가가 되고 싶다면 이 책들을 읽어보기를 권한다.

- 데이터 마이닝 실무

  『Data Mining: Practical Machine Learning Tools and Techniques, 4th Edition』(이안 위튼[Ian H. Witten], 아이베 프랭크[Eibe Frank], 마크 홀[Mark A. Hall], 크리스토퍼 펠[Christopher J. Pal] 지음, Morgan Kaufmann, 2016)

- 데이터 마이닝 고급 토론과 수학적 기초

  『Data Mining and Analysis: Fundamental Concepts and Algorithms, 1st Edition』(모하메드 자키[Mohammed J. Zaki], 와그너 메이라[Wagner Meira Jr] 지음, Cambridge University Press, 2014)

- 파이썬을 사용한 컴퓨터 과학

  『Python Programming: An Introduction to Computer Science, 3rd Edition』(존 젤[John Zelle] 지음, Franklin, Beedle & Associates, 2016)

- 파이썬 머신 러닝과 분석

  『Python Machine Learning: Machine Learning and Deep Learning with Python, scikitlearn, and TensorFlow, 2nd Edition[머신 러닝 교과서 with 파이썬, 사이킷런, 텐서플로]』(세바스찬 라스카[Sebastian Raschka], 바히드 미자리리[Vahid Mirjalili] 지음, Packt, 2017)

  『Advanced Machine Learning with Python[파이썬으로 구현하는 고급 머신 러닝]』(존 하티[John Hearty] 지음, Packt, 2016)

▎데이터 마이닝을 위한 파이썬 환경 설정

고급 데이터 마이닝을 위한 컴퓨팅 환경은 편안한 개발 환경과 데이터 관리, 분석, 플로팅, 구현을 할 수 있도록 워킹 라이브러리를 요구한다. 이에 아나콘다[Anaconda]를 통한 파이썬 환경이 적합하며, 과학자들과 엔지니어들을 위한 환경이면서 초보자를 위한 모든 패키지가 있다. 콘다[Conda]는 파이썬 환경을 유지하기 위한 패키지 관리 도구이고, 역시 아나콘다 번들에 포함돼 있다. 패키지 관리 도구는 라이브러리를 파이썬 환경에 설치하고 제거하는 것을 도와주며, 라이브러리 간 버전 차이로 인한 문제를 해결해준다.

콘다는 '과학적 파이썬 개발 환경[The Scientific Python Development Environment]'(스파이더[Spyder])이라 불리는 통합된 개발 환경을 포함하고 주피터 노트북 인터페이스를 통한 사용하기 쉬운 구현을 제공한다. 이 두 개발 환경은 IPython이라 불리는 인터랙티브 파이썬 콘솔을 사용한다. IPython은 스크립팅을 위한 라이브 콘솔을 제공한다. 코드 한 줄을 실행하고, 결과를 점검하고, 다른 줄을 같은 콘솔에서 실행할 수 있다. IPython의 trial-and-error 세션은 왜 파이썬 도구들이 래피드 프로토타입 환경에서 실무자들에게 사랑받는지를 보여준다.

▌ 아나콘다와 콘다 패키지 관리자 설치하기

아나콘다에 있는 이 도구들은 윈도우와 리눅스에서 사용 가능하다. 다음의 설치 안내를 참고하라.

리눅스에 설치하기

리눅스에 설치하려면 다음의 단계를 따른다.

1. 먼저 https://www.anaconda.com/download/#linux에서 최신 버전을 다운로드한다.

2. 다음으로 리눅스 터미널에서 다음의 배시^{bash} 명령어를 수행한다.

```
$ bash Anaconda-latest-Linux-x86_64.sh
```

3. 터미널에서 다음의 명령어를 수행하면 설치가 시작된다. 설치가 완료되면, .bashrc 엔트리로 콘다를 자동 초기화하는 것을 허용할지 묻는 질문을 받게 된다. N을 선택하고 필요할 때(혹시라도 복수의 콘다 버전을 사용할 경우) 수동으로 활성화하는 것을 추천한다. 이 경우, 다음 명령어를 사용해 콘다를 시작할 수 있다.

```
$ source/{anaconda3_dir}/bin/activate
```

위 명령어는 콘다로 하여금 셸 스크립트를 활성화하고 기본 설정 아나콘다 파티 썬 번들인 베이스[base] 환경을 활성화하도록 한다. 새로운 환경을 추가하는 것은 어떻게 특정 라이브러리를 설치하는지 살펴보는 다음의 절에서 다룰 것이다. 이 시점에서, 파이썬 명령어를 수행하는 것은 다음 코드에서 보듯이 파이썬 코드를 한 줄씩 수행할 수 있는 인터랙티브 셸을 열게 된다.

```
(base) $ Python
Python 3.7.0 (default, Jun 28 2018, 13:15:42)
[GCC 7.2.0] :: Anaconda, Inc. on linux
Type "help", "copyright", "credits" or "license" for more information.
>>> import numpy
>>> numpy.random.random(10)
array([0.48489815, 0.80944492, 0.89740441, 0.93031125, 0.71774534,
       0.63817451, 0.93231809, 0.75820457, 0.17550135, 0.62126858])
```

다른 방법으로, 다음 명령어를 사용해서 미리 저장된 파이썬 스크립트를 수행할 수 있다.

```
(base) $ Python script.py
```

윈도우에서 설치하기

윈도우에 설치하려면 다음의 단계를 따른다.

1. 먼저 https://conda.io/docs/user-guide/install/windows.html에서 다운로 드한다.
2. 이어서 윈도우 시작 메뉴의 프로그램 검색을 통해 아나콘다를 시작한다.

아나콘다 프롬프트는 모든 환경 변수를 아나콘다로 지정하는 윈도우 명령어 프롬프트다. 이제 베이스 파이썬 환경을 사용할 준비가 됐다.

맥 OS에서 설치하기

맥 OS에서 설치하기 위해 다음의 단계를 따른다.

1. 먼저 아나콘다 사이트(https://www.anaconda.com/distribution/)에서 인스톨러를 다운로드한다.

2. 패키지를 수행하고 스크린에 뜨는 프롬프트를 따른다. 그러면 필요한 모든 것을 자동으로 설치할 것이다.

▎ 스파이더 IDE 시작하기

스파이더는 아나콘다 프롬프트에서 다음과 같이 입력함으로써 실행할 수 있다.

```
(base) $ spyder
```

앞서 언급했듯이, 스파이더는 IPython 인터랙티브 콘솔을 사용한다. 그러므로 코드의 각 줄을 콘솔로 바로 보낼 수 있다. 두 줄의 파이썬 코드가 한 번에 하나씩 전달되는 과정을 살펴보자.

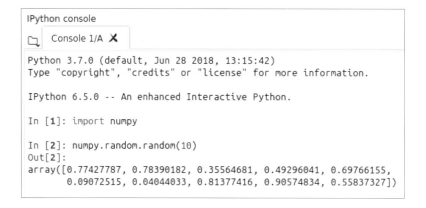

다른 방법으로, 에디터에서 스크립트를 수정한 뒤 IDE 맨 위에 있는 녹색의 수행 버튼을 눌러서 수행할 수 있다. 이로써, 스크립트가 IPython 콘솔로 옮겨진 뒤 줄 단위로 수행된다.

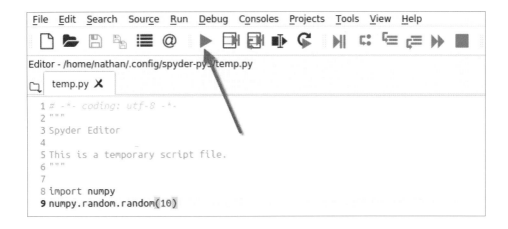

인터랙티브 파이썬 콘솔은 콘솔 창 안에서 이미지와 플롯을 함께 표현할 수 있다. 인터랙티브 데이터 마이닝과 분석 모델의 고속 프로토타이핑을 위한 아주 편리한 특징이다.

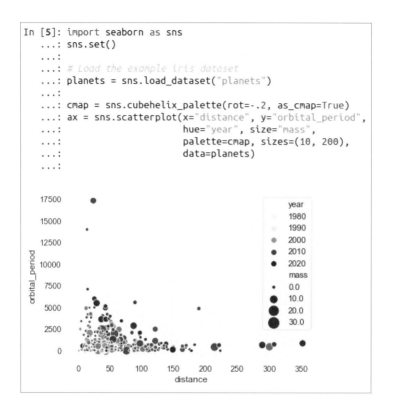

```
In [5]: import seaborn as sns
   ...: sns.set()
   ...:
   ...: # Load the example iris dataset
   ...: planets = sns.load_dataset("planets")
   ...:
   ...: cmap = sns.cubehelix_palette(rot=-.2, as_cmap=True)
   ...: ax = sns.scatterplot(x="distance", y="orbital_period",
   ...:                      hue="year", size="mass",
   ...:                      palette=cmap, sizes=(10, 200),
   ...:                      data=planets)
   ...:
```

▌ 주피터 노트북 실행하기

주피터 프로젝트는 2000년대 초반에 인기 있었던 IPython 프로젝트에서 갈라져 나왔다. 주피터 노트북은 순차적인 텍스트와 코드 셀^{cell}을 갖는 시각적인 인터페이스를 제공한다. 이 인터페이스는 솔루션을 설명하는 텍스트를 추가한 뒤 그것을 코드 예제로 이어준다. 주피터 노트북은 IPython 콘솔을 사용하므로(스파이더와 비슷하다.) 이미지를 인라인으로 그려줄 수 있는 인터랙티브 코드 변환기를 갖게 된다. 아나콘다 프롬프트에서 주피터 노트북을 시작하는 것은 간단하다.

```
(base) $ jupyter notebook
```

주피터 프로젝트는 몇 가지 기본적인 노트북을 유지한다. 그중 하나의 스크린샷을 살펴보자(이것은 http://nbviewer.jupyter.org/github/temporaer/tutorial_ml_gkbionics에서 찾을 수 있다).

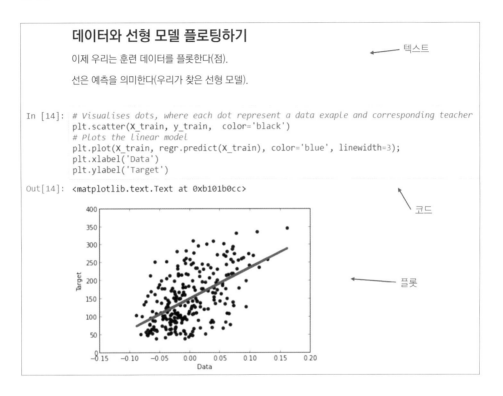

이 개념은 몇 가지 예를 살펴보면 쉽게 설명된다. 다음은 인터넷에서 찾을 수 있는 데이터 마이닝과 분석에 대한 몇몇 주피터 노트북의 예다.

https://github.com/rasbt/python-machine-learning-book/blob/master/code/ch01/ch01.ipynb

http://nbviewer.jupyter.org/github/amplab/datascience-sp14/blob/master/hw2/HW2.ipynb

https://github.com/TomAugspurger/PyDataSeattle/blob/master/notebooks/1.%20Basics.Ipynb

▎ 고성능 파이썬 설치하기

인텔은 CPU에서 고성능 컴퓨팅(HPC)에 대한 가속을 지원하는 파이썬 라이브러리 번들을 제공한다. 대부분의 가속은 칩 내부에서 해결되므로 코드의 변화는 필요 없다. 이 책에 나오는 모든 개념과 라이브러리는 HPC 인텔 파이썬 환경에서 더 빠르게 수행된다. 다행히 인텔은 콘다 버전을 지원하므로, 아나콘다 프롬프트에서 다음의 명령어를 통해 새로운 콘다 환경을 추가할 수 있다.

```
(base) $ Conda create -n idp -c channel intelpython3_full Python=3
(base) $ Conda activate idp
```

솔직히 말해, 내가 인텔에 몸담고 있으므로 불필요한 오해가 생기지 않도록 인텔의 고성능 컴퓨팅은 너무 자주 언급하지 않겠다. 성능 실험의 숫자들은 자연스럽게 성능을 보여줄 것이다. 다음은 CPU에서 변환되지 않은 scikit-learn 코드를 수행했을 때의 속도 향상을 보여주는 그래프다.

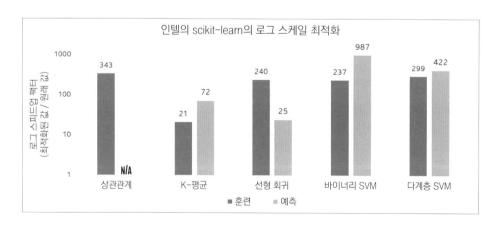

▌추천 라이브러리와 설치 방법

아나콘다 프롬프트로부터 라이브러리를 설치하거나 제거하는 것은 아주 쉽다. 자신이 선호하는 환경이 활성화되면, Conda Install 명령어가 해당 패키지에 대해 아나콘다 클라우드를 검색하고 아나콘다 클라우드가 있으면 다운로드한다. 콘다는 다른 라이브러리에 대해 버전 의존성이 존재한다면 경고해줄 것이다. 다른 라이브러리 버전이 영향을 받는지 알 수 있도록 이 경고들에 주의를 기울인다. 작업 환경에 무엇이 있는지 알고 싶다면 패키지 이름과 버전을 보여주는 Conda list 명령어를 사용하라.

다음의 몇몇 명령어들을 살펴보자.

1. 다음의 명령어를 사용해 파이썬 버전 3에서 my_env라는 환경을 만든다.

```
(base) $ Conda create -n my_env Python=3
```

2. 다음 명령어를 통해 my_env가 성공적으로 생성됐는지 확인한다.

```
(base) $ Conda info -envs
```

명령어가 수행됐는지 다음과 같이 확인할 수 있다.

```
(base) nathan@nathan-ThinkPad-Twist:~$ conda info --envs
# conda environments:
#
base                     *   /home/nathan/anaconda3
idp                          /home/nathan/anaconda3/envs/idp
my_env                       /home/nathan/anaconda3/envs/my_env
```

3. 다음 명령어로 새로운 환경을 활성화한다.

```
(base) $ Conda activate my_env
```

4. 다음 명령어로 수학 라이브러리 numpy를 설치한다.

```
(my_env) $ Conda install numpy
```

5. 새로운 라이브러리가 성공적으로 설치됐는지 확인하고 my_env의 모든 다른 라이브러리와 버전을 확인하기 위해 Conda list를 사용한다.

```
(my_env) $ Conda list
```

다음 스크린샷에서 명령어가 수행되는 모습을 볼 수 있다.

```
(my_env) nathan@nathan-ThinkPad-Twist:~$ conda list
# packages in environment at /home/nathan/anaconda3/envs/my_env:
#
# Name                    Version                   Build  Channel
blas                      1.0                         mkl
ca-certificates           2018.03.07                    0
certifi                   2018.10.15               py37_0
intel-openmp              2019.0                      118
libedit                   3.1.20170329            h6b74fdf_2
libffi                    3.2.1                   hd88cf55_4
libgcc-ng                 8.2.0                   hdf63c60_1
libgfortran-ng            7.3.0                   hdf63c60_0
libstdcxx-ng              8.2.0                   hdf63c60_1
mkl                       2019.0                      118
mkl_fft                   1.0.6                 py37h7dd41cf_0
mkl_random                1.0.1                 py37h4414c95_1
ncurses                   6.1                     hf484d3e_0
numpy                     1.15.4                py37h1d66e8a_0
numpy-base                1.15.4                py37h81de0dd_0
openssl                   1.1.1                   h7b6447c_0
pip                       18.1                     py37_0
python                    3.7.1                   h0371630_3
readline                  7.0                     h7b6447c_5
setuptools                40.5.0                   py37_0
sqlite                    3.25.2                  h7b6447c_0
tk                        8.6.8                   hbc83047_0
wheel                     0.32.2                   py37_0
xz                        5.2.4                   h14c3975_4
zlib                      1.2.11                  ha838bed_2
```

추천 라이브러리

아나콘다로부터 전체 번들보다 작은 환경을 선택한다면, 데이터 마이닝을 위해 다음과 같은 핵심적인 라이브러리들을 추천한다. 이 라이브러리들은 이 책에서 자주 사용될 것이다.

- numpy: 파이썬을 위한 핵심적 수학 라이브러리. numpy 행렬 데이터 구조가 들어있다.

- scipy: numpy 행렬에 기반한 과학 및 공학 루틴을 제공한다. 이 라이브러리는 좋은 통계 함수들도 제공한다.

- pandas: 데이터의 저장, 레이블링, 보기, 수정을 위한 관계형 데이터베이스를 제공한다. pandas와 그것의 데이터 구조인 데이터프레임^{dataframe}에 익숙해지면 숫자의 행렬을 보는 시각이 완전히 달라질 것이다.

- matplotlib: 파이썬의 핵심 시각화 라이브러리. 라인과 스캐터 플롯$^{scatter\ plot}$, 막대와 파이 차트, 히스토그램과 스펙트로그램 등을 제공한다.

- seaborn: 통계적 시각화 라이브러리. matplotlib에 기반해 만들어졌고 사용하기 쉽다. 많은 경우, 단 한 줄의 코드로 복잡한 시각화를 표현할 수 있다. 이 라이브러리는 pandas 데이터프레임을 입력으로 사용한다.

- statsmodels: 통계적 함수와 테스팅에 대한 라이브러리. 예를 들어 요약 통계와 적용한 모델에 대한 정보를 보여주는 .summary() 함수가 있다.

- scikit-learn: 파이썬의 핵심 머신 러닝 라이브러리. 사용하기 쉬우며 많은 개발자들에 의해 유지되고 있다. 무엇보다 http://scikit-learn.org에 있는 문서들이 매우 훌륭하다. 이 문서들만 읽어도 머신 러닝에 대한 많은 공부가 될 정도다.

> 파이썬은 지난 10년간 고급 데이터 분석에서 아주 널리 사용되고 있다. 언어의 스크립팅 성질과 프로그래머가 아닌 사람도 배울 수 있는 용이성 덕분이지만, 그것이 전부는 아니다. pandas, scikit-learn, seaborn과 같은 라이브러리들은 파이썬의 성장에 중요한 역할을 담당했다. 이 라이브러리들의 강력한 기능, 용이성, 잘 정의된 범위, 오픈소스 성질 등은 다른 패키지에서 찾아보기 힘들다. 데이터 마이닝 분야에서 경력을 쌓고 싶다면 이 라이브러리들을 잘 활용해볼 것을 권한다.

▮ 요약

지금까지 이 책의 전체적 내용을 소개했고 소프트웨어 환경에서 파이썬을 시작하는 방법을 다뤘다. 그리고 고성능 파이썬을 설치하는 법과 pandas, scikit-learn, seaborn 등의 유명한 라이브러리도 소개했다. 이 장을 읽고 환경을 설정했으면, 이 책의 나머지 부분에서 다룰 예제들을 잘 따라올 수 있을 것이다.

2

기본 용어와 종합적 사례

이 책은 특정 주제를 배우는 가장 좋은 방법은 사례를 통해 연습하는 것이라는 철학을 바탕으로 한다. 2장에서는 학습을 시작할 수 있도록 중요한 단어, 개념, 용어를 살펴보고 파이썬을 활용한 데이터 마이닝의 종합적인 사례를 살펴본다. 이 장의 뒷부분에서는 사례를 좀 더 자세히 단계별로 살펴본다.

2장에서는 다음과 같은 주제들을 다룬다.

- 기본적인 데이터 용어
- 기본적인 통계
- 파이썬을 활용한 데이터 마이닝의 종합적인 사례

▎기본적 데이터 용어

2장을 시작하기 전에 알아야 할 기본적인 용어들을 살펴본다. 이 리스트는 단순화됐고 모든 용어를 포함하지는 않는다. 용어들을 좀 더 자세히 공부하고 싶다면 1장에 나오는 참고 문헌들을 참고하길 바란다.

샘플 공간

샘플 공간^{sample space}은 측정의 모든 가능한 결과를 커버하는 공간이다. 예를 들어 데이터셋 안의 특징 열이 응답자가 TV를 봤던 날의 수를 의미한다면, 샘플 공간은 (0,1,2,…31)의 모든 정수를 포함하게 된다. 제조업에서 사용되는 도구가 제조 이전과 이후의 온도 차이를 측정한다면, 샘플 공간은 {|0-maxT|}의 연속적 범위가 된다(maxT는 측정 가능한 최고 온도). 샘플 공간 밖의 데이터는 잘못된 연구 결과로 이어지거나 문제를 제대로 이해하지 못하게 하므로 추가적인 점검이 필요하다.

> 샘플 공간의 개념은 사소해 보이지만 좋은 데이터 마이닝을 위해 중요하다. 샘플 공간은 이상치나 잘못된 데이터 포인트를 판별해줄 뿐만 아니라 현재 작업 중인 업무에 집중하고 데이터가 의미하는 바를 이해할 수 있게 도와준다. 분석을 시작하기 전에 항상 자신에게 질문하라. "나의 샘플 공간은 무엇인가?"

변수의 종류

간단히 말하자면, 종속변수는 독립변수의 영향을 받는 변수다. 데이터 마이닝에서 종속변수는 모델링하고자 하는 수리적 혹은 통계적 행동의 결과이므로 결과 변수라고도 불린다. 사실 예측적 분석은 데이터에서 독립변수에 대한 종속변수의 응답을 모델링해 미래의 결과를 예측하는 것이다. 실무자들은 독립변수를 X, 종속변수를 Y로 주로 사용한다.

- **독립변수**: 데이터셋의 특징. XY 데이터에서 주로 X로 표시된다.
- **종속변수**: 독립변수에 대한 응답의 결과. XY 데이터에서 주로 Y로 표시된다.

이름	X				Y
	나이	키	몸무게	주당 훈련 시간	멀리뛰기 기록
Thomas	12	57.5	73.4	6.5	19.2
Jane	13	65.5	85.3	8.9	25.1
Vaughn	17	71.9	125.9	1.1	14.3
Vera	14	65.3	100.5	7.9	18.3
Vincent	18	70.1	110.7	10.5	21.1
Lei-Ann	12	52.3	70.4	0.5	10.6

 데이터에서 복수의 결과가 존재하는 것은 흔하므로, Y는 복수의 열이 있는 행렬이 될 수 있다.

데이터 형태

파이썬에는 다양한 형태의 데이터가 있고 각각은 저장될 수 있는 정보의 형태를 반영한다. 이 차이를 이해하는 것은 각 형태의 다른 효과를 다루는 측면에서 매우 중요하다. 데이터 형태는 다음과 같다.

- **카테고리/숫자**: 질적이고 레이블의 순서가 없다. 예를 들면 머리의 색깔(검정, 갈색, 금색, 빨강)
- **카테고리/순서**: 질적이고 순서가 있다. 예를 들면 만족도(만족하지 않음, 약간 만족, 중간 정도 만족, 아주 만족)
- **숫자/이산**: 수적이고 유한하거나 셀 수 있다. 예를 들면 1,2,3
- **숫자/연속**: 수적이고 특정 구간이거나 실수다. 예를 들면 3.0과 5.0 사이의 모든 실수

▌기본적 요약 통계량

기술적 분석에 종사하는 실무자들은 빠른 시간 내에 데이터를 이해하기 위해 네 가지의 요약 통계량을 사용한다. 어느 정도 연습하면, 여러분도 각 통계량의 측정 값에 대한 인사이트를 강화할 수 있다. 사실, 요약 통계량은 만나게 될 대부분의 문제를 해결하는 데 좋은 시작점이다. 네 가지 통계량은 다음과 같다.

- **위치**: 데이터의 위치 혹은 중심을 의미하며 평균, 중앙값, 최빈값이 될 수 있다. 중앙값은 데이터의 50%가 위치하는 지점이고, 최빈값은 가장 자주 일어나는 빈도의 지점이나 분포의 가장 큰 부분이 된다.
- **분포**: 얼마나 데이터가 퍼져 있는지를 의미하며, 각 데이터 포인트의 평균으로부터 평균 거리의 합인 표준편차 혹은 표준편차의 제곱인 분산으로 측정될 수 있다.
- **모양**: 분포의 중심이 평균과 비교해서 어디에 위치하는지를 의미하며, 종종 편향의 방향으로 표현된다. 아래의 그림에서 음의 편향을 볼 수 있다. 양의 편향은 꼬리가 반대 방향으로 위치하게 된다.
- **상관관계**: 한 변수가 다른 변수에 얼마나 의존하는가에 대한 측정 값. 가장 흔한 것은 피어슨 상관계수이고, -1(완전한 음의 상관관계)에서 $+1$(완전한 양의 상관관계)까지의 값을 갖는다. 0은 상관관계가 없음을 의미한다. 주로 r로 표시된다.

여기에 소개된 값들을 시각화한 다음 다이어그램을 참고하라.

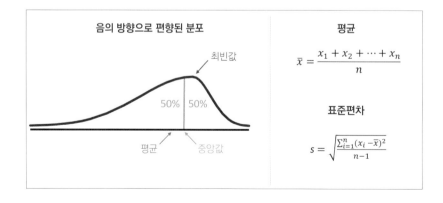

▮ 파이썬을 활용한 데이터 마이닝 예제

이 책의 나머지 부분에서 살펴볼 주제와 전략들을 보여주는 예제를 설명한다. 이후의 장들은 각 분석 프로세스를 좀 더 자세히 설명할 것이다. 다음 장으로 가기 전에 이 예제를 자세히 읽어볼 것을 권한다.

데이터를 메모리에 로딩하기: pandas를 통해 데이터 보기와 데이터 관리하기

먼저, 파이썬이 데이터를 사용할 수 있도록 메모리에 데이터를 로딩해야 한다. pandas 는 데이터 관리 및 작업 라이브러리가 될 것이다.

```
# 데이터를 pandas로 로딩하기
import pandas as pd
df = pd.read_csv("./data/iris.csv")
```

데이터 로딩을 점검하고 모든 데이터를 제대로 로딩했는지 확인하기 위해 pandas의 기본 기능을 사용해보자. 첫 번째로, 데이터의 크기(행과 열)를 점검하기 위해 .shape 속성을 사용한다. 다음으로, 데이터프레임의 내용을 점검하기 위해 head()를 사용해 처음 다섯 개 줄을 살펴본다. 마지막으로 .describe()를 사용해 각 특징의 요약 통계량을 살펴본다.

pandas는 많은 데이터 점검 기능을 갖고 있다. 예를 들면, tail()은 데이터의 마지막 다섯 개 줄을 보여준다. pandas에 능숙해지는 것은 시간을 투자할 만한 충분한 가치가 있다. 이 책의 관련 장들은 이에 대한 좋은 출발점이고, pandas 문서 사이트에서 제공하는 기본적 기능에 대한 페이지(https://pandas.pydata.org/pandas-docs/stable/getting_started/basics.html)도 좋다.

```
# pandas를 이용한 데이터 점검
print("shape of data in (rows, columns) is " + str(df.shape))
print(df.head())
print(df.describe().transpose())
```

다음은 위 코드를 수행한 결과다.

```
shape of data in (rows, columns) is (150, 5)
   sepal length in cm  sepal width in cm  petal length in cm  \
0              5.1               3.5                 1.4
1              4.9               3.0                 1.4
2              4.7               3.2                 1.3
3              4.6               3.1                 1.5
4              5.0               3.6                 1.4

   petal width in cm species
0              0.2   setosa
1              0.2   setosa
2              0.2   setosa
3              0.2   setosa
4              0.2   setosa
                    count      mean       std   min   25%   50%   75%   max
sepal length in cm  150.0  5.843333  0.828066   4.3   5.1  5.80   6.4   7.9
sepal width in cm   150.0  3.054000  0.433594   2.0   2.8  3.00   3.3   4.4
petal length in cm  150.0  3.758667  1.764420   1.0   1.6  4.35   5.1   6.9
petal width in cm   150.0  1.198667  0.763161   0.1   0.3  1.30   1.8   2.5
```

데이터 플롯과 탐구: seaborn의 능력 체험하기

이제 seaborn의 플롯 루틴인 페어 플롯pair plot을 통해 쌍의 형태를 갖는 특징 관계를 시각화해보자. 이 루틴을 통해 관계를 찾아내고, 후보들을 그룹화하고, 가능한 이상치를 찾아내고, 분석을 위해 어떤 전략을 사용할지에 관한 인사이트를 얻을 수 있다. 대각선을 제외한 각 셀은 쌍의 스캐터 플롯이고, 대각선은 단일 변량 분포다.

```
# seaborn 페어 플롯 알아보기
import seaborn as sns
sns.pairplot(df,hue='species')
```

다음은 위 코드를 수행한 결과다.

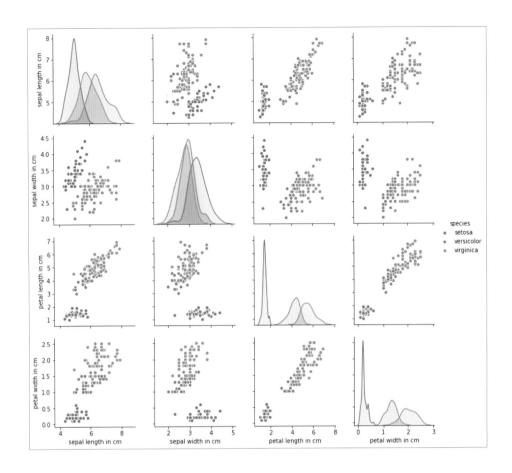

때때로 분포를 이해하는 데 히스토그램은 확률 밀도 플롯보다 쉽다. seaborn을 통해, 더 쉽게는 diag_kind를 통해 다이어그램을 지정할 수 있고 대각선상에서 히스토그램을 보기 위해 다시 플롯할 수 있다.

그리고 palette와 marker 옵션을 통해 차트의 외양을 바꿀 수 있다. 가능한 옵션에 대해서는 seaborn 문서들을 참고할 수 있다. 다음과 같이 플롯을 바꾸자.

```
# seaborn 페어 플롯의 대각선상에 히스토그램을 더하기
sns.pairplot(df,hue='species',diag_kind='hist',
            palette='bright',markers=['o','x','v'])
```

다음은 위 코드를 수행한 결과다.

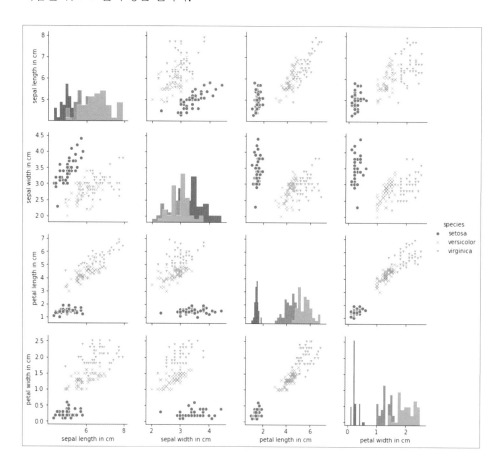

이 시점에서, 두 개의 변수를 선택하고 seaborn의 lmplot을 사용해 스캐터 플롯으로 표현할 수 있다. 데이터에 다섯 개 이상의 특징이 있다면, 중요한 변수들 사이의 관계는 한 창에 다 보여지지 않을 수도 있다. 중요한 관계들을 따로 분리해서 보여주기 위해 이변량 스캐터 플롯을 사용할 수 있다.

```python
# seaborn을 사용해서 이변량 스캐터 플롯 그리기
sns.lmplot(x='petal length in cm', y='petal width in cm',
          hue="species", data=df, fit_reg=False,
```

```
palette='bright',markers=['o','x','v'])
```

다음은 위 코드를 수행한 결과다.

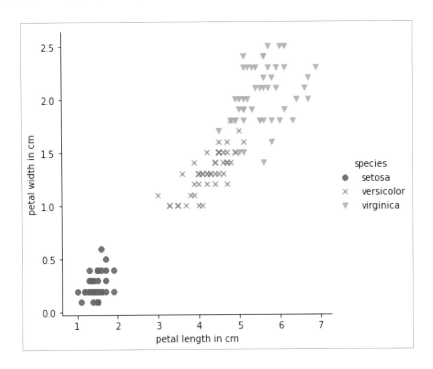

인기 있는 단일 특징 벡터의 시각화는 바이올린 플롯^{violin plot}이다. 많은 실무 분석가들은 값의 분포와 클래스의 분산을 한 플롯에 표현할 수 있는 바이올린 플롯을 좋아한다. 각 바이올린은 사실 확률 밀도를 보여주는 단일 변량 분포이고, 수직의 박스 플롯과 같이 생긴 형태로 주어진 클래스의 값의 범위에 대해 표현된다. 이 개념은 난해하게 들릴 수 있지만, 플롯을 잘 살펴보면 이해할 수 있을 것이다. 바이올린 차트는 보면 볼수록 점점 더 사랑하게 될 것이다.

```
sns.violinplot(x='species',y='petal length in cm', data=df)
```

다음은 위 코드를 수행한 결과다.

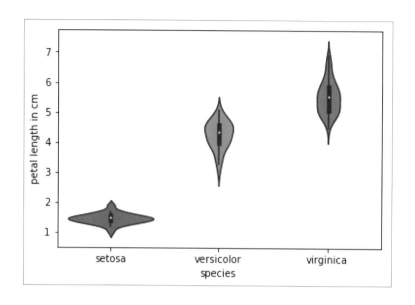

ℹ️ 기본 설정으로, seaborn은 중앙값과 사분위수 범위(25~75%)를 각 바이올린에서 보여준다.
inner 옵션을 사용해서 시각화 범위를 조정할 수도 있다. 바이올린 플롯에 대한 seaborn 문
서에서 자세한 내용을 확인할 수 있다(https://seaborn.pydata.org/generated/seaborn.
violinplot.html).

데이터 변환: scikit-learn을 활용한 PCA와 LDA

때때로 변환은 데이터를 좀 더 소화하기 쉽게 만들어준다. 특히 데이터 과학자들은 비슷
한 정보를 좀 더 작은 수의 차원으로 표현하기 위해 가장 전체적이거나 가장 중요한 변환
의 축을 회전하는 등의 변환을 사용한다. 네 개의 특징을 갖는 iris 데이터를 사용해 두 개
의 차원을 갖도록 변환시켜본다. 먼저 가장 높은 변동의 축을 조정하는 주요 요소 분석
(PCA)부터 시작해보자. iris 데이터는 네 개의 차원이 있지만, 이 기법은 수십, 수백 개의
특징이 있는 경우에도 사용될 수 있다.

```
# PCA를 사용해서 차원 수 줄이기
from sklearn.decomposition import PCA
pca = PCA(n_components=2)
out_pca = pca.fit_transform(df[['sepal length in cm',
                                'sepal width in cm',
                                'petal length in cm',
                                'petal width in cm']])
```

이제 결과 데이터를 pandas 데이터프레임으로 생성하고, 그것을 점검하기 위해 .head() 를 사용한다.

```
df_pca = pd.DataFrame(data = out_pca, columns = ['pca1', 'pca2'])
print(df_pca.head())
```

다음은 위 코드를 수행한 결과다.

```
       pca1       pca2
0 -2.684207   0.326607
1 -2.715391  -0.169557
2 -2.889820  -0.137346
3 -2.746437  -0.311124
4 -2.728593   0.333925
```

괜찮은 것처럼 보이지만, 타깃 혹은 레이블 열이 없다. 원래 데이터프레임에서 데이터를 절단해 열을 더해준다. 이렇게 열을 더해주는 것은 예측에 사용될 수 있는 PCA 데이터프 레임을 제공해준다. 다음으로, 그것을 플롯하고 변환된 데이터가 2차원으로 플롯된 것처럼 보이는지 확인한다.

```
df_pca = pd.concat([df_pca, df[['species']]], axis = 1)
print(df_pca.head())
sns.lmplot(x="pca1", y="pca2", hue="species", data=df_pca, fit_reg=False)
```

다음은 위 코드를 수행한 결과다.

```
       pca1      pca2 species
0 -2.684207  0.326607  setosa
1 -2.715391 -0.169557  setosa
2 -2.889820 -0.137346  setosa
3 -2.746437 -0.311124  setosa
4 -2.728593  0.333925  setosa
```

플롯에 대한 코드를 수행하면 다음의 결과를 얻는다.

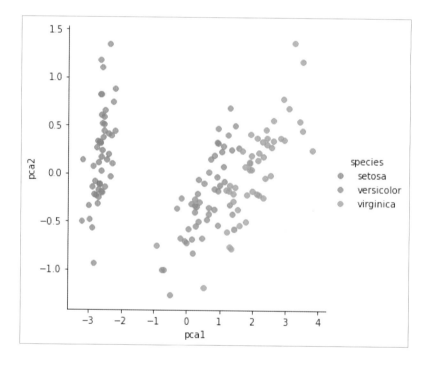

이제 고차원 데이터를 쉽게 소화할 수 있는 두 개의 차원으로 전환했다. 하지만 여기서
더 발전시킬 수는 없을까? PCA의 목표는 데이터를 가장 큰 변동이 있는 방향으로 맞추
는 것이다. 하지만 PCA는 데이터의 가장 중요한 정보들을 무시한다. 예를 들면, 레이블
은 사용되지 않았다. 아마도 레이블을 포함했다면 더 나은 변환 벡터들을 뽑아낼 수 있었

을 것이다. 가장 인기 있는 레이블을 포함한 차원 감소 기법은 선형 판별 분석(LDA)이다. 다음의 코드는 클래스 레이블별로 그룹을 지정하고, 클래스별로 가장 많은 분리를 생성하는 방향을 찾는다.

> 변환 단계에서 레이블을 생략하는 것은 도움이 되지 않는 방향으로 요소 벡터를 줄이는 것을 방지하기 위해 일부 문제의 경우(특히 신뢰도가 낮은 클래스 레이블의 경우)에는 바람직할 수 있다. 이 때문에 추가 작업을 할지 말지를 결정하기 전에 항상 PCA부터 시작할 것을 추천한다. 데이터의 양이 방대하지 않다면 PCA에 대한 계산 시간은 짧으므로, PCA에서 시작해도 나쁠 것은 없다.

```python
# LDA를 사용해 차원 수 줄이기
from sklearn.discriminant_analysis import LinearDiscriminantAnalysis
lda = LinearDiscriminantAnalysis(n_components=2)

# 데이터프레임 포맷 설정하기
out_lda = lda.fit_transform(X=df.iloc[:,:4], y=df['species'])
df_lda = pd.DataFrame(data = out_lda, columns = ['lda1', 'lda2'])
df_lda = pd.concat([df_lda, df[['species']]], axis = 1)

# 데이터 점검
print(df_lda.head())

# 플롯 그리기
sns.lmplot(x="lda1", y="lda2", hue="species", data=df_lda, fit_reg=False)
```

다음은 위 코드를 수행한 결과다.

```
       lda1      lda2 species
0 -8.084953  0.328454  setosa
1 -7.147163 -0.755473  setosa
2 -7.511378 -0.238078  setosa
3 -6.837676 -0.642885  setosa
4 -8.157814  0.540639  setosa
```

플롯에 대한 코드를 수행하면 다음의 결과를 얻는다.

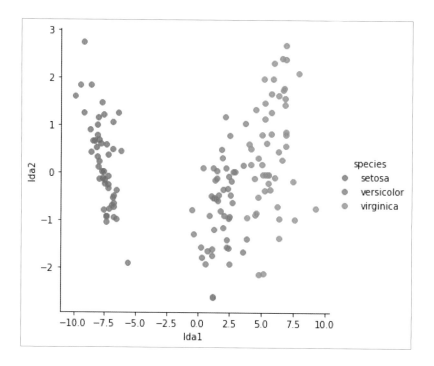

이 스캐터 플롯은 PCA와 LDA가 데이터에 대해 같은 변환을 한 것이라고 생각하게 할 수
있다. 바이올린 플롯을 사용해서 첫 번째 요소를 좀 더 자세히 관찰해보자. 먼저 PCA부
터 시작하자.

```
sns.violinplot(x='species',y='pca1', data=df_pca).set_title("Violin plot:
Feature = PCA_1")
```

다음은 위 코드를 수행한 결과다.

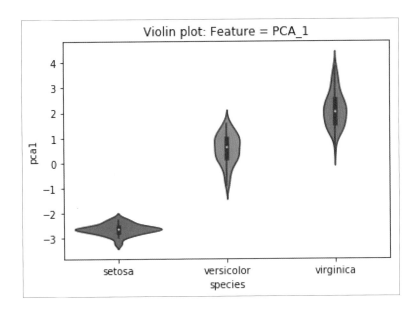

이제 LDA의 첫 번째 요소를 보자.

```
sns.violinplot(x='species',y='lda1', data=df_lda).set_title("Violin plot:
Feature = LDA_1")
```

다음은 위 코드를 수행한 결과다.

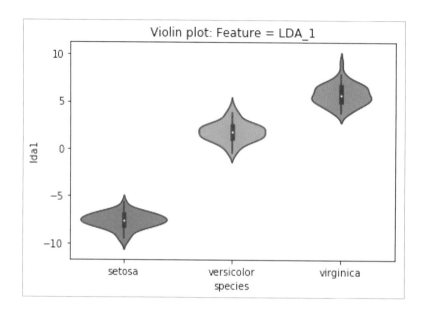

분리를 계량화하기: K-평균 클러스터링과 실루엣 점수

데이터에서 가장 어려운 클래스 분리는 흰여로versicolor와 질경이virginica다. 각 클래스에 대한 바이올린은 두 기법이 다른 결과를 생성한다는 것을 보여준다. 두 플롯에 대해 부채붓꽃setosa의 분포를 기준으로 사용하면 LDA의 흰여로 분포는 PCA보다 타이트하므로(즉, 넓고 짧다.), 그것의 사분위수 범위가 질경이 분포의 사분위수 범위로부터 더욱 분리되게 된다. 이 분석이 충분히 정교하지 않다면, 데이터에 대해 클러스터링 알고리즘을 적용함으로써 이 차이를 계량화할 수 있다. 이 데이터를 그룹화하기 위해 K-평균 클러스터링 알고리즘을 사용하고, 다음으로 클러스터의 압축성을 점수화하기 위해 실루엣 계수silhouette coefficient라 불리는 계량적 지표를 사용한다(높은 점수는 더욱 압축된 클러스터를 의미한다). K-평균 알고리즘은 매우 간단하고 그룹의 품질은 입력 데이터의 품질에 직접적으로 비례하므로, 더욱 압축된 클러스터는 입력 특징들이 클래스를 더욱 잘 분리한다는 것을 의미한다.

```
# K-평균으로 클러스터링하고 실루엣 점수 점검하기
from sklearn.cluster import KMeans
from sklearn.metrics import silhouette_score

# K-평균 객체 초기화
kmns = KMeans(n_clusters=3, random_state=42)

# 알고리즘을 pca에 적합시키고 실루엣 점수 산정
out_kms_pca = kmns.fit_predict(out_pca)
silhouette = silhouette_score(out_pca, out_kms_pca)
print("PCA silhouette score = " + str(silhouette))

# 알고리즘을 lda에 적합시키고 실루엣 점수 산정
out_kms_lda = kmns.fit_predict(out_lda)
silhouette = silhouette_score(out_lda, out_kms_lda)
print("LDA silhouette score = %2f " % silhouette)
```

다음의 결과는 LDA 클래스가 더욱 잘 분리됐음을 보여준다.

```
PCA silhouette score = 0.598
LDA silhouette score = 0.656
```

LDA 함수가 클래스를 분리하기 위해 좀 더 많은 정보를 가지고 있으므로 위와 같은 결과가 나타난다.

의사 결정 혹은 예측

예측을 하기 전에 데이터를 훈련 데이터와 테스트 데이터로 나눠야 한다. 모델 검증은 나중에 이 책에서 별도로 다룰 중요한 주제이지만, 이 예제를 위해 간단한 훈련/테스트 데이터 분리를 해본다. 다음으로 훈련 데이터에 기반해 예측 모델을 수립하고, F_1 점수를 사용해 테스트 데이터를 점수화해본다.

TIP

가장 랜덤화된 데이터 선택을 위해 랜덤 시드(random seed)를 사용하는 것을 추천한다. 이 시드는 어디서 랜덤화 루틴을 사용할지를 의사 랜덤 생성기에 지정해준다. 이 결과는 항상 같은 랜덤 선택을 제공해준다. 이 예에서는 테스트 데이터와 훈련 데이터를 나눌 때 랜덤 시드를 사용했다. 이 프로젝트를 잠시 멈추고 나중에 다시 계속하는 경우, 같은 랜덤 시드를 사용하면 똑같은 훈련 및 테스트 데이터를 얻을 수 있다. 나는 랜덤 시드로 42를 사용했고, 이 값은 더글러스 애덤스의 『은하수를 여행하는 히치하이커를 위한 안내서』가 큰 인기를 얻은 덕분에 많이 쓰인다.

```python
# 데이터를 훈련/검증/테스트 그룹으로 나눔
from sklearn.model_selection import train_test_split
df_train, df_test = train_test_split(df_lda, test_size=0.3,
random_state=42)

# 데이터 점검
print('train set shape = ' + str(df_train.shape))
print('test set shape = ' + str(df_test.shape))
print(df_train.head())
```

다음은 위 코드를 수행한 결과다.

```
train set shape = (105, 3)
test set shape = (45, 3)
          lda1      lda2     species
81    0.598443 -1.923348  versicolor
133   3.809721 -0.934519   virginica
137   4.993563  0.184883   virginica
75    1.439522 -0.123147  versicolor
109   6.872871  2.694581   virginica
```

이제 예측으로 넘어가보자. 첫 번째로 서포트 벡터 분류기(SVC) 모듈을 사용해서 서포트 벡터 머신(SVM)을 시도해보자. scikit-learn에 있는 분류기 객체는 전에 PCA와 LDA 변환에서 사용했던 것과 비슷한 API를 제공한다. 그러므로 라이브러리를 이해하게 되면, 다른 변환, 분류기 혹은 다른 기법을 쉽게 적용할 수 있을 것이다.

```
# SVM을 사용한 분류
from sklearn.svm import SVC
from sklearn.metrics import f1_score
clf = SVC(kernel='rbf', C=0.8, gamma=10)
clf.fit(df_train[['lda1', 'lda2']], df_train['species'])

# 테스트 데이터상에서의 예측
y_pred = clf.predict(df_test[['lda1', 'lda2']])
f1 = f1_score(df_test['species'], y_pred, average='weighted')

# 예측 점수 점검
print("f1 score for SVM classifier = %2f " % f1)
```

이 분류기에 대한 F_1 점수는 테스트 데이터에서 0.79로 계산됐다. 여기서 모델 설정을 바꿔서 다시 적합을 시도할 수 있다. C 매개변수는 첫 번째 시도에서 0.8이었다(clf 객체에서 C=0.8로 초기화됐다). C는 페널티 항목이고 초매개변수hyperparameter라고 불린다. 이 초매개변수는 분석가가 적합을 특정한 방향으로 유도할 수 있는 항목이다. 여기서 모델을 좀 더 나은 예측으로 유도하기 위해 페널티 C 초매개변수를 사용한다. 페널티 항목을 상승시키기 위해 C를 0.8에서 1로 바꿔보자.

 C는 SVM에서 페널티 항이며, 모델 적합 과정에서 내부적으로 잘못 분류된 예에 대한 페널티가 얼마나 큰지를 조정한다. 효용 측면에서 볼 때, C는 결과적 분리가 얼마나 엄격하거나 부드러운지에 대한 튜닝이므로 소프트 마진 페널티(soft margin penalty)라고 불린다. SVM에 대한 보편적인 초매개변수는 나중에 다룬다.

```
# SVM을 사용한 분류
from sklearn.svm import SVC
from sklearn.metrics import f1_score
clf = SVC(kernel='rbf', C=1, gamma=10)
clf.fit(df_train[['lda1', 'lda2']], df_train['species'])
y_pred = clf.predict(df_test[['lda1', 'lda2']])
f1 = f1_score(df_test['species'], y_pred, average='weighted')
print("f1 score for SVM classifier = %2f " % f1)
```

이 분류기에 대한 F_1 점수는 0.85다. 다음 단계는 매개변수를 조정하고 F_1 점수를 최대화하는 것이다. 물론 이런 식으로 매개변수를 바꾸는 것(재적합과 분석 과정을 반복하는 것)은 상당히 번거로운 일이다. 대신 이 매개변수화를 자동화하기 위해 그리드 검색grid search을 적용할 수 있다. 그리드 검색과 교차 검증cross-validation은 나중에 좀 더 자세히 다룬다. 그리드 검색의 대안은 튜닝을 필요로 하지 않는 알고리즘을 적용하는 것이다. 튜닝이 거의 필요 없는 인기 있는 알고리즘은 랜덤 포레스트random forest다. 포레스트는 복수의 의사 결정 트리를 묶어서 예측에 대한 투표로 만드는 것을 의미한다.

```
# 랜덤 포레스트를 사용한 분류
from sklearn.ensemble import RandomForestClassifier
clf = RandomForestClassifier(n_estimators=2, random_state=42)
clf.fit(df_train[['lda1', 'lda2']], df_train['species'])
y_pred = clf.predict(df_test[['lda1', 'lda2']])
f1 = f1_score(df_test['species'], y_pred, average='weighted')

# 예측 점수 점검
print("f1 score for SVM classifier = %2f " % f1)
```

이 분류기에 대한 F_1 점수는 0.96이고 튜닝 없이 이뤄졌다. 랜덤 포레스트 기법은 나중에 좀 더 자세히 다룬다.

▎ 요약

2장에서는 데이터 마이닝 작업에서 요구되는 기본적인 통계와 용어들을 다뤘다. 이 장의 마지막 부분은 종합적인 예제로 이뤄졌으며, 그 예제를 통해 이 책에서 나중에 다루게 될 여러 기법들을 살펴봤다. 2장을 읽고 나면, 분석에 감겨 있는 사고방식을 좀 더 명확히 이해하게 되고, 실무에서 맞닥뜨리게 될 문제 해결을 위한 일반적 단계들을 알게 될 것이다. 이후의 장들은 이 장에서 소개한 기법을 좀 더 자세히 다루고, 특히 3장에서는 데이터의 수집, 메모리 적재, 간편한 탐구를 다룬다.

3

데이터의 수집, 탐구, 시각화

첫 번째 단계로서, 데이터를 어떻게 수집하고 컴퓨터 메모리에서 어떻게 접근하는지 이해하는 것은 중요하다. 데이터가 일단 적재된 후, 데이터 탐구에 대해 올바르게 접근하면 나중에 시간을 상당히 절약할 수 있다. 3장에서는 데이터베이스, 디스크, 스트리밍과 같은 다른 데이터 소스를 어떻게 다루는지 알려준다. 이러한 주제가 실용적임에도 많은 새내기 분석가들은 데이터 수집에 대한 사항을 보지 않고 넘어가는 경우가 많다. 하지만 이 첫 단계를 제대로 학습하지 않으면 업무를 수행할 수 없다. 3장의 후반부에서는 데이터 시각화에 대해 seaborn을 소개하고, 합당하고 인기 있는 문제들에 대한 추천 플롯 형태들을 소개한다.

3장에서는 다음의 주제들을 다룬다.

- 데이터 소스의 형태와 pandas에 데이터 적재하기

- pandas에서 데이터의 접근, 검색, 점검
- seaborn에서 기본적인 플롯
- 데이터 시각화에 대한 플롯의 적절한 형태

▌데이터 소스의 형태와 pandas에 데이터 적재하기

여기서는 데이터를 어떻게 컴퓨터 메모리에 적재하는지 보여준다. 이 내용은 물론 그 이후의 업무와 분석에도 매우 중요하다.

데이터베이스

관계형 데이터베이스는 기업이 데이터를 저장하는 가장 흔한 방법 중 하나다. 그러므로 데이터베이스에 데이터를 적재하고 꺼내는 것은 대부분의 분석 업무에서 필수적이다. 사용할 파이썬 라이브러리는 sqlite3이고 아나콘다 패키지에 포함돼 있다. 먼저 .db 파일로 저장돼 있는 데이터베이스에 접속해보자. 이 파일은 이 책에서 제공하는 데이터에 포함돼 있다. 데이터베이스에 접속한 뒤, 질의에서 사용할 객체인 커서 객체를 생성할 것이다. 다음으로, * 조건을 사용해서 boston 테이블의 모든 내용을 선택하고 열의 수를 다섯 개로 제한할 것이다(콘솔에 너무 많은 데이터를 보여주지 않기 위해). 마지막으로, execute()를 사용해 질의를 수행하고 fetchall()을 사용해 데이터를 가져온다. 이 질의로부터 생성된 데이터는 검색 조건(select와 limit)에 의해 통제된다. 다음 절에서는 질의에 사용되는 흔한 용어들을 다룬다.

```
import sqlite3
sqlite_file = './data/boston.db'

# 데이터베이스 파일에 접속하기
conn = sqlite3.connect(sqlite_file)
```

```
# 커서 객체 초기화
cur = conn.cursor()

# 횡단 검색 정의
cur.execute("select * from boston limit 5;")

# 데이터 가져오기와 인쇄
data = cur.fetchall()
print(data)
```

print()로부터의 결과는 다섯 개의 레코드이고, 각각은 15개의 입력 값을 갖고 있다. 이것은 데이터 테이블의 행과 열에 대응한다.

```
[(0, 0.00632, 18.0, 2.31, 0.0, 0.538, 6.575, 65.2, 4.09, 1.0, 296.0, 15.3, 396.9, 4.98, 24.0), (1, 0.02731, 0.0, 7.07, 0.0, 0.4
69, 6.421, 78.9, 4.9671, 2.0, 242.0, 17.8, 396.9, 9.14, 21.6), (2, 0.02729, 0.0, 7.07, 0.0, 0.469, 7.185, 61.1, 4.9671, 2.0, 24
2.0, 17.8, 392.83, 4.03, 34.7), (3, 0.03237, 0.0, 2.18, 0.0, 0.458, 6.998, 45.8, 6.0622, 3.0, 222.0, 18.7, 394.63, 2.94, 33.4),
(4, 0.06905, 0.0, 2.18, 0.0, 0.458, 7.147, 54.2, 6.0622, 3.0, 222.0, 18.7, 396.9, 5.33, 36.2)]
```

 위 예에서는 실제 리모트 데이터베이스 대신에 책에 포함된 데이터베이스 파일(.db)을 사용했다. 실무에서는 보통 네트워크 주소와 로그인을 사용해서 데이터베이스에 원격 접속한다.

기본적 SQL 질의

SQL은 데이터베이스에서 데이터와 소통하는 데 사용되는 언어다. 질의 문법이 버전에 따라 조금씩 다르지만, 일반적인 유형은 거의 동일하다. SQL 질의의 개념은 예를 통해 가장 잘 이해될 수 있으므로, 이 절에서는 쉽게 적용될 수 있는 몇몇 SQL 검색의 예를 들어본다.

 이 예들은 이전 절에서 사용됐던 데이터베이스 접속과 커서 객체를 계속 사용한다.

ZN 열에서 선택하고, 이전에 사용됐던 값에 대해서만 필터링한다.

```
cur.execute("select ZN from boston where ZN > 0.0;")
data = cur.fetchall()
print(data)
```

print()로부터의 다음 결과는 특정한 구조가 없으므로 이해하기 어렵다.

```
[(18.0,), (12.5,), (12.5,), (12.5,), (12.5,), (12.5,), (12.5,), (75.0,), (75.0,), (21.0,), (21.0,), (21.0,), (21.0,),
(75.0,), (90.0,), (85.0,), (100.0,), (25.0,), (25.0,), (25.0,), (25.0,), (25.0,), (17.5,), (80.0,), (80.0,), (12.5,),
(12.5,), (12.5,), (25.0,), (25.0,), (25.0,), (25.0,), (28.0,), (28.0,), (28.0,), (45.0,), (45.0,), (45.0,), (45.0,), (45.0,),
(45.0,), (60.0,), (60.0,), (80.0,), (80.0,), (80.0,), (95.0,), (95.0,), (82.5,), (82.5,), (95.0,), (95.0,), (30.0,),
(30.0,), (30.0,), (30.0,), (30.0,), (30.0,), (22.0,), (22.0,), (22.0,), (22.0,), (22.0,), (22.0,), (22.0,), (22.0,),
(22.0,), (80.0,), (90.0,), (20.0,), (20.0,), (20.0,), (20.0,), (20.0,), (20.0,), (20.0,), (20.0,), (20.0,),
(20.0,), (20.0,), (20.0,), (20.0,), (20.0,), (20.0,), (40.0,), (40.0,), (40.0,), (40.0,), (40.0,), (20.0,), (20.0,),
(20.0,), (20.0,), (90.0,), (90.0,), (55.0,), (80.0,), (52.5,), (52.5,), (52.5,), (80.0,), (80.0,), (80.0,), (70.0,), (70.0,),
(70.0,), (34.0,), (34.0,), (34.0,), (33.0,), (33.0,), (33.0,), (33.0,), (35.0,), (35.0,), (35.0,), (55.0,), (55.0,), (85.0,),
(80.0,), (40.0,), (40.0,), (60.0,), (60.0,), (90.0,), (80.0,), (80.0,)]
```

이런 비구조화된 데이터를 정리할 수 있는 두 가지 방법이 있다. 첫 번째는 직접 코딩해서 ZN 열 및 검색의 다른 제한에 직접 레이블을 붙이는 방법이고, 두 번째는 pandas의 내장 SQL 기능을 사용해서 질의의 결과를 직접 데이터프레임에 저장하는 것이다. 나는 두 번째 방법을 추천하고, 이 절의 뒷부분에서 두 번째 방법의 능력을 보여줄 것이다.

먼저, 전체 테이블에 대해 원래의 질의(처음 다섯 개 행에 대해서만 제한됐던)를 반복해보자. 실제 검색 문법은 이전에 사용했던 sqlite3 코드와 동일하므로 여기서 새로 배울 것은 없다.

```
import pandas as pd
# boston 테이블에서 다섯 개 행의 모든 데이터를 가져오기
df = pd.read_sql_query("select * from boston limit 5;", conn)
print("df.shape = " + str(df.shape))
```

위 코드를 실행한 결과는 다음과 같다.

```
df.shape = (5, 15)
```

콘솔에서 너무 많은 데이터가 보이지 않도록 하기 위해 질의 예를 다섯 개 행으로 제한했다. pandas에서 작업할 때는 이럴 필요가 없다. 이제 pandas의 데이터 분석 기능을 사용할 수 있다. 전체 테이블을 읽어들이고 head()를 사용해 데이터를 점검한 뒤, describe()를 사용해 데이터 요약을 출력한다.

```
# boston 테이블에 있는 모든 데이터 가져오기
df = pd.read_sql_query("select * from boston;", conn)
print("df.shape = " + str(df.shape))
print("Sanity check with Pandas head():")
print(df.head())
print("Summarize with Pandas describe():")
print(df.describe().transpose())
```

위 코드를 실행한 결과는 다음과 같다.

```
df.shape = (506, 15)
Sanity check with Pandas head():
   record     CRIM    ZN  INDUS  CHAS    NOX     RM   AGE     DIS  RAD    TAX  LSTAT  MEDV
0       0  0.00632  18.0   2.31   0.0  0.538  6.575  65.2  4.0900  1.0  296.0   4.98  24.0
1       1  0.02731   0.0   7.07   0.0  0.469  6.421  78.9  4.9671  2.0  242.0   9.14  21.6
2       2  0.02729   0.0   7.07   0.0  0.469  7.185  61.1  4.9671  2.0  242.0   4.03  34.7
3       3  0.03237   0.0   2.18   0.0  0.458  6.998  45.8  6.0622  3.0  222.0   2.94  33.4
4       4  0.06905   0.0   2.18   0.0  0.458  7.147  54.2  6.0622  3.0  222.0   5.33  36.2

Summarize with Pandas describe():
        count        mean         std        min         25%        50%          75%        max
record  506.0  252.500000  146.213884    0.00000  126.250000  252.50000  378.750000  505.0000
CRIM    506.0    3.593761    8.596783    0.00632    0.082045    0.25651    3.647423   88.9762
ZN      506.0   11.363636   23.322453    0.00000    0.000000    0.00000   12.500000  100.0000
INDUS   506.0   11.136779    6.860353    0.46000    5.190000    9.69000   18.100000   27.7400
CHAS    506.0    0.069170    0.253994    0.00000    0.000000    0.00000    0.000000    1.0000
NOX     506.0    0.554695    0.115878    0.38500    0.449000    0.53800    0.624000    0.8710
RM      506.0    6.284634    0.702617    3.56100    5.885500    6.20850    6.623500    8.7800
AGE     506.0   68.574901   28.148861    2.90000   45.025000   77.50000   94.075000  100.0000
DIS     506.0    3.795043    2.105710    1.12960    2.100175    3.20745    5.188425   12.1265
RAD     506.0    9.549407    8.707259    1.00000    4.000000    5.00000   24.000000   24.0000
TAX     506.0  408.237154  168.537116  187.00000  279.000000  330.00000  666.000000  711.0000
LSTAT   506.0   12.653063    7.141062    1.73000    6.950000   11.36000   16.955000   37.9700
MEDV    506.0   22.532806    9.197104    5.00000   17.025000   21.20000   25.000000   50.0000
```

이 몇 줄의 코드를 보는 것은 여러분의 상상력에 불을 당길 수 있다. pandas의 능력과 파이썬의 인터랙티브 콘솔은 왜 파이썬이 최근 10년간 대부분의 분석가들에게 기본적 데이터 마이닝 및 분석 언어로서 사용됐는지 보여준다. seaborn(시각화)과 scikit-learn(머신 러닝)도 강력한 파이썬 데이터 마이닝 패키지다. 이 패키지들을 잘 배우면 분석 능력을 향상시키는 데 큰 도움이 된다.

몇몇 유용한 예제들을 계속 살펴보자.

```python
# 양의 ZN 값을 갖는 boston 테이블 내의 모든 데이터 가져오기
df = pd.read_sql_query("select * from boston where ZN > 0.0;", conn)
print("df.shape = " + str(df.shape))
```

위 코드를 실행한 결과는 다음과 같다.

```
df.shape = (134, 15)
```

이제 sql 명령어를 사용해서 250 이상의 레코드를 필터링하자.

```python
# 250 이상의 값을 갖는 모든 데이터 가져오기
df = pd.read_sql_query("select * from boston where ZN > 0.0 and record >
250;", conn)
print("df.shape = " + str(df.shape))
```

위 코드를 실행한 결과는 다음과 같다.

```
df.shape = (66, 15)
```

길이가 긴 질의에 대해, 짧은 줄로 나눠서 읽기 쉽게 코딩하는 것은 일반적인 습관이다. 다음의 예를 보자.

```
# 여러 줄로 나눠 쓰는 검색 구문의 예
df = pd.read_sql_query("""
                        select record, ZN, AGE, TAX from boston
                        where ZN > 0.0 and CRIM < 2.5;
                        """,
                        conn)
```

데이터프레임에 있는 데이터를 수정한 후 SQL 데이터베이스로 다시 저장하고 싶다면, 수정 사항을 저장하는 것에 대한 pandas 함수를 사용할 수 있다.

```
# 수정 사항을 저장하기 위해 pandas의 to_sql 명령어 사용
df.to_sql("./data/boston_updated", conn, if_exists="replace")
# 접속 종료
conn.close()
```

디스크

종종 데이터는 하드디스크와 같은 디스크에 저장돼 있다. 디스크에 .csv와 같은 형태로 저장돼 있는 데이터를 불러오는 것은 간단하다.

```
# 파일로부터 데이터 로딩하기
df = pd.read_csv("./data/iris.csv")
```

데이터프레임에서의 변화를 디스크에 저장하는 것도 간단하다.

```
# 약간의 수정
# 인덱스 생성
df.index.name = "record"
df['species'] = "new-species"
print(df.head())
```

```
# 파일에 저장
df.to_csv("./data/iris_updated.csv", index=True)
```

pandas는 HTML, JSON, 엑셀 형태의 파일에 대한 적재 루틴을 제공한다. pandas 입출력(I/O) 가이드는 특정 파일에 대한 문법을 찾아볼 수 있는 좋은 자료이며, https://pandas.pydata.org pandas-docs/stable/reference/io.html에서 찾아볼 수 있다.

웹 소스

웹에서 많은 데이터를 찾아볼 수 있다. 웹 주소를 안다면 파이썬 스크립트에서 바로 데이터를 불러올 수 있다. 그리고 scikit-learn과 seaborn은 여러분이 사용할 수 있는 데이터셋을 제공할 수도 있다. 여러분이 쓰는 번들에 따라 이 데이터셋들이 들어있지 않을 수도 있다. 그런 경우라면, 처음 그 데이터를 적재할 때 파이썬은 온라인 검색을 수행하고 데이터를 다운로드한다. 그리고 그 데이터를 컴퓨터에 저장하면 된다.

URL

URL로부터 데이터를 불러오려면 다음의 코드를 사용한다.

```
# 웹 URL로부터 로딩
url =
"https://archive.ics.uci.edu/ml/machine-learning-databases/iris/iris.data"
names = ['sepal length in cm', 'sepal width in cm', 'petal length in cm',
        'petal width in cm', 'species']
df = pd.read_csv(url, names=names)
```

scikit-learn이나 seaborn에 포함된 데이터 사용

어떤 데이터는 scikit-learn이나 seaborn 패키지에 포함돼 있다. 패키지에 포함된 데이터는 종종 테스팅이나 예시의 용도로 사용된다.

다음은 scikit-learn의 예시다(https://scikit-learn.org/stable/datasets/index.html).

```
# scikit-learn으로부터 데이터 불러오기
from sklearn.datasets import load_iris
dataset = load_iris()
df = pd.DataFrame(dataset.data, columns=dataset.feature_names)
df['species'] = dataset.target
```

다음은 seaborn의 예시다(https://seaborn.pydata.org/generated/seaborn.load_dataset.html).

```
# seaborn으로부터 데이터 불러오기
import seaborn as sns
df = sns.load_dataset("flights")
```

▌ pandas로 데이터 접근, 검색, 점검하기

pandas는 사용자를 도와주는 검색 및 필터 기능을 기본으로 내장하고 있다. pandas에는 적재한 데이터를 점검하고 맞게 적재했는지를 확인해주는 기능이 있다. 예를 들어 3장 앞부분에서는 데이터의 처음 다섯 개 열과 열 이름을 보여주는 head()를 사용했다. 이런 점검을 귀찮아하지 말라. 회사가 여러분이 분석해낸 결과를 통해 많은 돈을 번다면, 잘못된 데이터가 적재되는 것을 원하지 않을 것이다.

 IPython 콘솔에서 작업하는 경우, 결과를 콘솔로 보내기 위해 print 문장을 사용하지 않아도 된다. 예를 들어, df.head()를 IPython 콘솔에 전달하면 처음 다섯 개 행을 볼 수 있다. 이것은 대부분의 pandas와 seaborn에 적용되며, 많은 파이썬 사용자들이 코딩을 하면서 시행착오를 통해 배우는 방법이다. 하지만 보통의 파이썬 인터프리터를 사용한다면, print(df.head())를 사용해야 할 것이다. 여기서는 print()를 사용했지만, print() 없이 IPython 노트북 환경에서 실행해보라.

추가적인 기법을 더 알고 싶다면 공식 pandas 문서를 참고하라. 대부분의 분석가들은 이 문서를 즐겨찾기로 설정해놓고 수시로 참고한다.

https://pandas.pydata.org/pandas-docs/stable/user_guide/indexing.html

다음으로 넘어가기 전에 이 책에서 제공되는 boston.db 파일로부터 데이터를 불러오자.

```
import pandas as pd
import sqlite3
sqlite_file = './data/boston.db'
# 데이터베이스 파일에 접속
conn = sqlite3.connect(sqlite_file)

df = pd.read_sql_query("select * from boston;", conn)
print("df.shape = " + str(df.shape))
df.set_index("record", inplace=True)
conn.close()
```

이제 print 명령어를 통해 출력되는 결과를 가지고, 많은 실무자가 자주 사용하는 흔한 pandas 기법들을 살펴보자.

```
# 첫 번째 다섯 개 행을 열 이름과 함께 인쇄
print(df.head())
```

위 코드를 실행한 결과는 다음과 같다.

```
   record     CRIM    ZN  INDUS  CHAS    NOX     RM   AGE     DIS  RAD    TAX  LSTAT  MEDV
0       0  0.00632  18.0   2.31   0.0  0.538  6.575  65.2  4.0900  1.0  296.0   4.98  24.0
1       1  0.02731   0.0   7.07   0.0  0.469  6.421  78.9  4.9671  2.0  242.0   9.14  21.6
2       2  0.02729   0.0   7.07   0.0  0.469  7.185  61.1  4.9671  2.0  242.0   4.03  34.7
3       3  0.03237   0.0   2.18   0.0  0.458  6.998  45.8  6.0622  3.0  222.0   2.94  33.4
4       4  0.06905   0.0   2.18   0.0  0.458  7.147  54.2  6.0622  3.0  222.0   5.33  36.2
```

적재한 데이터를 좀 더 이해하기 위해 pandas를 이용해 점검해보자.

```
# 행과 열의 양을 확인
print(df.shape)
# 데이터프레임의 열 확인
print(df.columns)
```

위 코드를 실행한 결과는 다음과 같다.

```
(506, 14)
Index(['CRIM', 'ZN', 'INDUS', 'CHAS', 'NOX', 'RM', 'AGE', 'DIS', 'RAD', 'TAX',
       'PTRATIO', 'B', 'LSTAT', 'MEDV'],)
```

이제 요약 통계량을 쉽게 얻기 위해 .describe()를 사용해보자.

```
# 통계량 요약 확인
df.describe()
# 전치 행렬 형태로 확인
print(df.describe().transpose())
```

위 코드를 실행한 결과는 다음과 같다.

	count	mean	std	min	25%	50%	75%	max
record	506.0	252.500000	146.213884	0.00000	126.250000	252.50000	378.750000	505.0000
CRIM	506.0	3.593761	8.596783	0.00632	0.082045	0.25651	3.647423	88.9762
ZN	506.0	11.363636	23.322453	0.00000	0.000000	0.00000	12.500000	100.0000
INDUS	506.0	11.136779	6.860353	0.46000	5.190000	9.69000	18.100000	27.7400
CHAS	506.0	0.069170	0.253994	0.00000	0.000000	0.00000	0.000000	1.0000
NOX	506.0	0.554695	0.115878	0.38500	0.449000	0.53800	0.624000	0.8710
RM	506.0	6.284634	0.702617	3.56100	5.885500	6.20850	6.623500	8.7800
AGE	506.0	68.574901	28.148861	2.90000	45.025000	77.50000	94.075000	100.0000
DIS	506.0	3.795043	2.105710	1.12960	2.100175	3.20745	5.188425	12.1265
RAD	506.0	9.549407	8.707259	1.00000	4.000000	5.00000	24.000000	24.0000
TAX	506.0	408.237154	168.537116	187.00000	279.000000	330.00000	666.000000	711.0000
LSTAT	506.0	12.653063	7.141062	1.73000	6.950000	11.36000	16.955000	37.9700
MEDV	506.0	22.532806	9.197104	5.00000	17.025000	21.20000	25.000000	50.0000

pandas에 내장된 .min(), .max(), .mean(), .median() 기법들도 사용할 수 있다.

```
# 최댓값과 최솟값 확인
df.max()
df.min()
# 평균과 중앙값 확인
df.mean()
print(df.median())
```

위 코드를 실행한 결과는 다음과 같다(다음은 각 열에 대한 중앙값이다).

```
CRIM          0.25651
ZN            0.00000
INDUS         9.69000
CHAS          0.00000
NOX           0.53800
RM            6.20850
AGE          77.50000
DIS           3.20745
RAD           5.00000
TAX         330.00000
PTRATIO      19.05000
B           391.44000
LSTAT        11.36000
MEDV         21.20000
dtype: float64
```

이제 .idmax()와 .idmin()을 사용해 최댓값과 최솟값의 인덱스를 구하자.

```
# 최댓값과 최솟값의 인덱스 확인
df.idxmax()
print(df.idxmin())
```

위 코드를 실행한 결과는 다음과 같다(다음은 각 열 최솟값의 인덱스 행의 위치다).

```
CRIM          0
ZN            1
INDUS       195
CHAS          0
NOX         286
RM          365
AGE          41
DIS         372
RAD           0
TAX         353
PTRATIO     196
B           450
LSTAT       161
MEDV        398
dtype: int64
```

추가적으로, 쉽게 특정 열의 데이터를 구할 수 있다.

```
# 데이터의 첫 번째 행 구하기
df.loc[0]
# 데이터의 세 번째 행 구하기
df.loc[2]
# CRIM 열의 첫 번째 행 구하기
print(df.loc[0]['CRIM'])
```

위 코드를 실행한 결과는 다음과 같다(CRIM 열의 index = 0).

```
0.00632
```

다음과 같이 하나의 열을 분리할 수 있다.

```
# 단일 열 분리하기
df['AGE'].mean()
df['MEDV'].idxmax()
print(df['AGE'].idxmin())
```

위 코드를 실행한 결과는 다음과 같다(AGE 열의 최솟값의 인덱스).

41

by 옵션을 사용해서 특정 열에 따라 정렬할 수도 있다. pandas의 sort()는 기본 설정으로 내림차순으로 정렬한다.

```python
# 오름차순 정렬
df.sort_values(by = 'ZN')
# 내림차순 정렬
df.sort_values(by = 'ZN', ascending = False)
print(df.sort_values(by = 'ZN', ascending = False).head())
```

위 코드를 실행한 결과는 다음과 같다(전체 테이블은 ZN 열의 내림차순에 따라 정렬됐다).

	CRIM	ZN	INDUS	CHAS	NOX	RM	AGE	DIS	RAD	TAX	LSTAT	MEDV
record												
57	0.01432	100.0	1.32	0.0	0.4110	6.816	40.5	8.3248	5.0	256.0	3.95	31.6
204	0.02009	95.0	2.68	0.0	0.4161	8.034	31.9	5.1180	4.0	224.0	2.88	50.0
203	0.03510	95.0	2.68	0.0	0.4161	7.853	33.2	5.1180	4.0	224.0	3.81	48.5
200	0.01778	95.0	1.47	0.0	0.4030	7.135	13.9	7.6534	3.0	402.0	4.45	32.9
199	0.03150	95.0	1.47	0.0	0.4030	6.975	15.3	7.6534	3.0	402.0	4.56	34.9

 이전의 코드는 데이터의 정렬된 뷰를 제공한다. 데이터를 정렬된 형태로 일시적으로 사용하는 것이며, 메모리에 들어있는 원래의 데이터는 바뀌지 않았다. pandas 데이터프레임에 영구적인 변화를 주는 것은 inplace 옵션을 사용한다.

이제 inplace 옵션을 사용해서 메모리에 저장돼 있는 데이터를 영구적으로 정렬해보자.

```python
# 테이블을 영구적으로 정렬
df.sort_values(by = 'ZN', inplace=True)
# 영구적으로 정렬된 테이블에서 df.head() 불러오기
print(df.head())
```

위 코드를 실행한 결과는 다음과 같다(이전의 결과와 같지만, 변화는 영구적이다).

```
         CRIM     ZN  INDUS  CHAS    NOX     RM   AGE     DIS  RAD    TAX  LSTAT  MEDV
record
57     0.01432  100.0   1.32   0.0  0.4110  6.816  40.5  8.3248  5.0  256.0   3.95  31.6
204    0.02009   95.0   2.68   0.0  0.4161  8.034  31.9  5.1180  4.0  224.0   2.88  50.0
203    0.03510   95.0   2.68   0.0  0.4161  7.853  33.2  5.1180  4.0  224.0   3.81  48.5
200    0.01778   95.0   1.47   0.0  0.4030  7.135  13.9  7.6534  3.0  402.0   4.45  32.9
199    0.03150   95.0   1.47   0.0  0.4030  6.975  15.3  7.6534  3.0  402.0   4.56  34.9
```

생각이 바뀌어서 영구적인 정렬을 철회하고 싶다면, 원래의 인덱스 열에 따라 다시 정렬하고 원래 데이터로 되돌릴 수 있다.

```
# 원래 인덱스로 정렬
df.sort_values(by = 'record', inplace=True)
print(df.head())
```

위 코드를 실행한 결과는 다음과 같다(원래 인덱스에 의해 정렬된 원래의 데이터로 돌아간 모습).

```
   record     CRIM    ZN  INDUS  CHAS    NOX     RM   AGE     DIS  RAD    TAX  LSTAT  MEDV
0       0  0.00632  18.0   2.31   0.0  0.538  6.575  65.2  4.0900  1.0  296.0   4.98  24.0
1       1  0.02731   0.0   7.07   0.0  0.469  6.421  78.9  4.9671  2.0  242.0   9.14  21.6
2       2  0.02729   0.0   7.07   0.0  0.469  7.185  61.1  4.9671  2.0  242.0   4.03  34.7
3       3  0.03237   0.0   2.18   0.0  0.458  6.998  45.8  6.0622  3.0  222.0   2.94  33.4
4       4  0.06905   0.0   2.18   0.0  0.458  7.147  54.2  6.0622  3.0  222.0   5.33  36.2
```

마지막 예로서, 몇 개의 필터를 적용해주고 .describe()를 사용해 좀 더 작은, 필터가 사용된 데이터의 통계량을 구해보자.

```
# 짝수 레코드만 보여주도록 데이터프레임 필터 적용
df[df.index % 2 == 0]
# 95세 이상만 보여주도록 데이터프레임 필터 적용
df[df['AGE'] > 95]
# 필터가 적용된 테이블의 통계량 요약
df[df['AGE'] > 95].describe().transpose()
```

seaborn에서의 기본적 플롯

사려 깊게 작성된 분석적 플롯은 관계, 트렌드, 혹은 역사적인 요약을 한눈에 보여준다. 하지만 데이터를 준비하는 것에서부터 레이블을 정리하고 색깔을 선택하고 적절한 형태로 저장하는 것에 이르는 플롯 작성 단계들은 길고 지루할 수 있다. 이런 잡다한 준비는 분석과 데이터 마이닝을 위해 파이썬을 사용하는 분석가들이 원하는 래피드 프로토타이핑의 반대가 된다. seaborn의 라이브러리는 빠르고 쉬운 플롯을 위해 IPython 콘솔 및 pandas 데이터프레임과 호환되는 인기 있는 단일 함수 플롯 루틴을 제공한다. 그리고 이 플롯들은 수정하기 쉬운 동시에 보기에도 좋다.

seaborn에서의 플롯을 위한 의사 코드는 다음과 같다.

```
### 이것은 의사 코드이므로 수행되지 않는다 ###
import seaborn as sns
sns.plot_type(dataframe)
```

이것이 전부다! pandas에 들어있는 기법과 비슷하게, seaborn 루틴은 단 한 줄의 코드로 플롯 능력을 보여줌으로써 감동을 전해줄 것이다.

데이터 시각화를 위한 인기 있는 형태의 플롯들

이 절에서는 데이터 마이닝 분야에서 분석가들이 주로 사용하는 플롯 루틴들을 소개한다. 이 플롯 루틴들은 내가 직장에서 매일 회의실 스크린에 띄우는 것들이다. seaborn의 루틴들은 비슷한 옵션, 관례, 사용법을 따르므로, 이 절에 나와 있는 예들을 읽으면 seaborn이 제공하는 플롯들을 쉽게 작성할 수 있을 것이다.

TIP
seaborn 웹사이트에 있는 예제 갤러리를 보는 것을 추천한다. 원하는 플롯을 찾는 좋은 방법
이다. 첫 페이지는 각 플롯 형태의 전체적인 모습을 보여주고 https://seaborn.pydata.org/
examples/index.html에서 볼 수 있다.

스캐터 플롯

스캐터 플롯^{scatter plot}은 두 변수에 대한 플롯을 사용해서 두 변수 사이의 관계를 시각화하는 간편한 방법이다. seaborn의 기초를 배우기 시작하는 좋은 지점이며, 최근까지 pandas의 lmplot() 루틴은 스캐터 플롯을 그리는 가장 흔한 방법이었다. 하지만 2018년에 pandas는 스캐터 플롯을 위한 scatterplot() 루틴을 도입했다. 둘 중에서 아무것이나 사용할 수 있으며, 다음의 예에서는 둘 다 소개한다. 명심할 것은 lmplot은 데이터를 선형 회귀 분석으로 적합시키고 그것을 그려주는 fit_reg 옵션을 포함한 몇몇 기능이 더 있다는 점이다.

먼저 iris 데이터를 로딩하는 것부터 시작하자.

```
import matplotlib.pyplot as plt
import seaborn as sns; sns.set()

# iris 데이터 로딩
df = pd.read_csv("./data/iris.csv")
```

먼저 seaborn으로 기본적인 스캐터 플롯을 작성한다.

```
# 스캐터 플롯
sns.scatterplot(x='petal length in cm', y='petal width in cm', data=df)
```

위 코드를 실행한 결과는 다음과 같다.

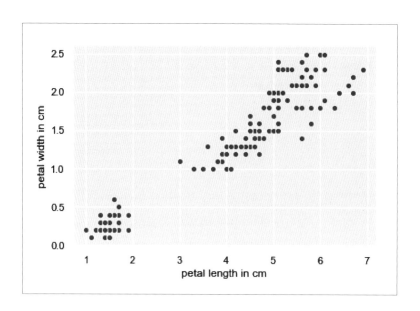

다음으로, 데이터 포인트에 색깔별로 레이블을 붙여주고 hue 옵션을 써서 범례를 만든다.

```
sns.scatterplot(x='petal length in cm', y='petal width in cm',
                hue='species', data=df)
```

위 코드를 실행한 결과는 다음과 같다.

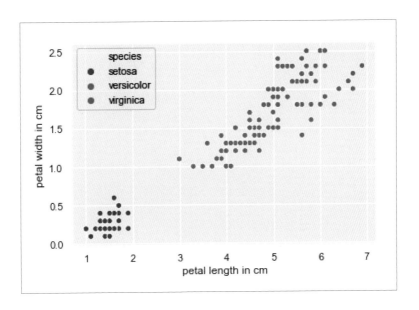

다음으로, lmplot에서 fit_leg=False로 지정하고 스캐터 플롯을 작성한다.

```
sns.lmplot(x='petal length in cm', y='petal width in cm',
        hue="species", data=df, fit_reg=False,
        palette='bright',markers=['o','x','v'])
```

위 코드를 실행한 결과는 다음과 같다.

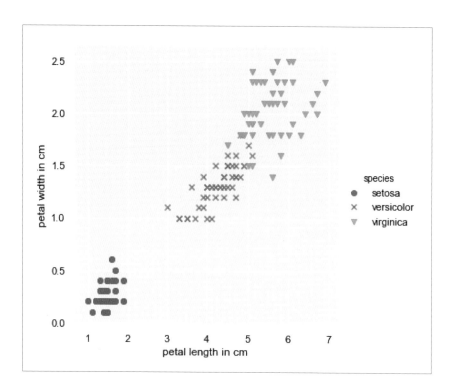

히스토그램

히스토그램은 빈도 분포를 나타내는 시각화다. 분포는 2장, '기본 용어와 종합적 사례'에서 다뤘다. 히스토그램은 막대그래프와 비슷하지만, 단일 변수를 다루고 y축은 빈도를 표시한다는 점에서 독특하다. iris 데이터를 통한 사례를 살펴보자.

```
# 히스토그램
sns.distplot(df['petal length in cm'])
```

위 코드를 실행한 결과는 다음과 같다.

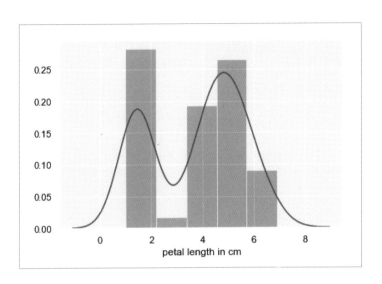

이제 좀 더 많은 수의 막대를 사용해서 좀 더 세밀하게 분포를 표시해보자.

```
# 15개의 막대가 있는 히스토그램
sns.distplot(df['petal length in cm'], bins=15)
```

위 코드를 실행한 결과는 다음과 같다.

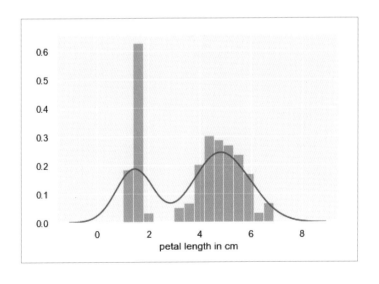

조인트 플롯

seaborn은 스캐터 플롯과 히스토그램을 두 개의 변수에 대해 결합하는 루틴을 제공한다. iris 데이터를 사용한 예를 살펴보자.

```
# 조인트 플롯
sns.jointplot(x='petal length in cm', y='petal width in cm',
              data=df, kind='scatter', marginal_kws=dict(bins=10))
```

위 코드를 실행한 결과는 다음과 같다.

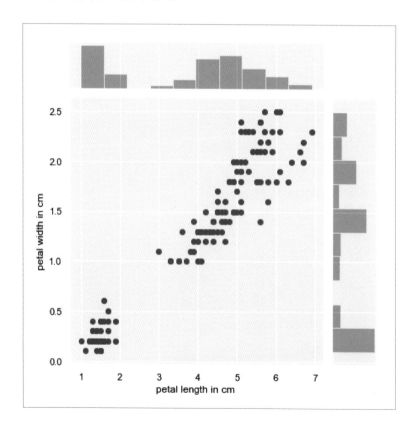

밀도 추정치가 스캐터 포인트보다 시각화하기 쉽다면 그것을 플롯할 수 있다.

```
# 밀도 추정치를 사용한 조인트 플롯
sns.jointplot(x='petal length in cm', y='petal width in cm',
              data=df, kind='kde')
```

위 코드를 실행한 결과는 다음과 같다.

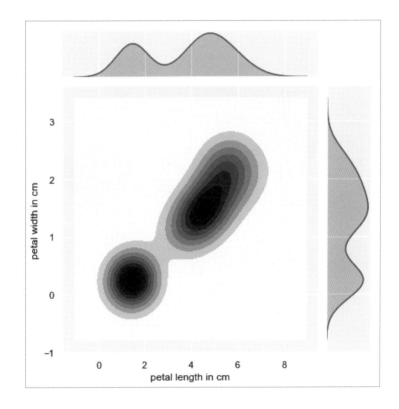

바이올린 플롯

클래스별로 나눠진 단일 변수의 분포를 보여주는 가장 효율적인 플롯 중 하나는 바이올린 플롯violin plot이다. 이 플롯은 바이올린과 닮은 모양을 나타내므로 바이올린 플롯이라 불린다.

iris 데이터에서 꽃받침sepal의 너비를 살펴보자.

```
# 바이올린 플롯
sns.violinplot(x='species',y='sepal width in cm', data=df)
```

위 코드를 실행한 결과는 다음과 같다.

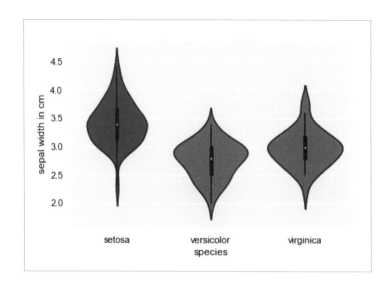

바이올린 플롯의 강점은 다른 변수에 대해 같은 모양의 바이올린을 플롯할 때 잘 드러난다. 예를 들어, 꽃잎petal의 너비로 바꿔보자.

```
# 바이올린 플롯
sns.violinplot(x='species',y='petal width in cm', data=df)
```

위 코드를 실행한 결과는 다음과 같다.

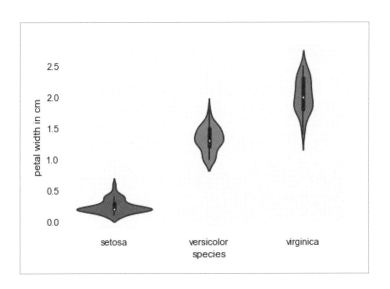

여기서 꽃잎의 너비에 대한 바이올린 플롯이 꽃받침의 너비에 대한 바이올린 플롯보다 바이올린 사이의 구별이 더욱 확실히 되는 것을 볼 수 있다. 각 바이올린은 클래스를 의미하므로, 꽃잎의 너비 변수는 한 클래스를 다른 클래스와 구별하는 데 더 유용하다.

페어 플롯

seaborn의 페어 플롯pair plot은 가장 의미 있는 루틴 중 하나다. 페어 플롯은 복수의 변수들의 스캐터 플롯을 각각의 조합에 대해 보여주고, 대각선으로는 히스토그램을 보여준다. 변수들 간의 관계를 잘 모르는 새로운 데이터를 탐구하는 좋은 방법이며, 문제에 친숙하지 않을 때 데이터 탐구 단계를 시작하는 것으로 적합하다.

페어 플롯은 작성하기 쉽다. 다음 코드를 참고하라.

```
# 모든 특징을 보여주는 페어 플롯
sns.pairplot(data=df)
```

하지만 특징의 개수가 너무 많아지면 콘솔에 보여주는 정보가 넘치게 된다. 페어 플롯에서 보여주는 변수의 수를 줄이기 위해 pandas의 리스트 기반 열 접근을 사용해서 실용적인 플롯을 만들 수 있다. boston 데이터를 이용해서 다섯 개의 선택된 변수에 대한 페어 플롯을 작성해보자.

```
# 선택된 특징을 보여주는 페어 플롯
vars_to_plot = ['CRIM', 'AGE', 'DIS', 'LSTAT', 'MEDV']
sns.pairplot(data=df, vars=vars_to_plot)
```

위 코드를 실행한 결과는 다음과 같다.

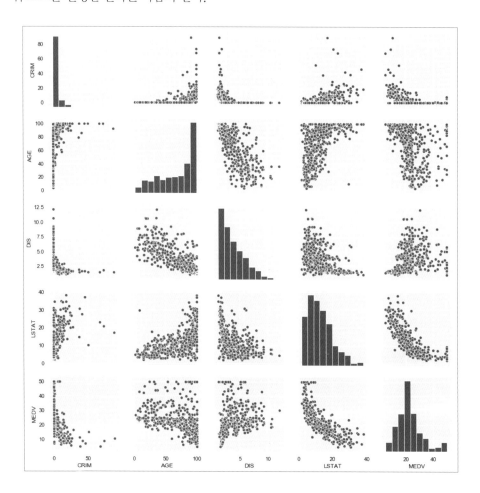

▌ 요약

이 장에서는 데이터베이스, 디스크, 웹 등 다양한 소스로부터 데이터를 로딩하는 것에 대한 기초를 다졌다. 그리고 기본적인 SQL 질의와 pandas의 데이터 접근 및 검색 함수를 살펴봤다. 마지막 부분에서는 seaborn을 활용한 주요 플롯 형식들을 소개했다. 여기에 나온 기본적인 코드들은 여러분의 데이터 마이닝 프로젝트에 활용될 수 있다. 여기서 소개한 사례는 어떻게 이 라이브러리들을 활용할 수 있는지 보여주기 위해 선택됐으므로, 여러분의 특정 요구 사항이 여기에 나오지 않았다면 라이브러리 웹사이트에 사용법을 검색해서 쉽게 코드를 수정할 수 있다. 다음 장에서는 분석에 사용할 수 있도록 데이터를 깨끗하게 다듬는 법을 살펴본다.

## 4

분석을 위한 데이터 클리닝과 준비

데이터의 적절한 처리는 향후의 작업을 유용하게 하고 사용자가 분석 결과를 신뢰할 수 있게 하는 데 중요하다. 이 단계는 많은 분석가들이 대부분의 업무 시간을 사용하는 단계이므로, 여기서 소개하는 기법들을 사용하는 것에 익숙해져야 한다. 4장은 입력 데이터를 클리닝하고 필터링하는 것부터 시작하며, 특징 선택과 차원 감소를 다룬다. 특징 선택과 관련해서는 관계를 찾아내는 것과 데이터 및 변수의 품질을 계량화하는 것을 다룬다. 이제 본격적으로 데이터 마이닝 작업이 시작된다.

이 장에서 다루는 내용은 다음과 같다.

- 입력 데이터 클리닝
- 결측값^{missing value} 처리
- 정규화와 표준화

- 카테고리 데이터 처리
- 고차원 데이터와 차원성의 저주
- 필터와 래퍼 기법을 활용한 특징 선택
- 변환이 적용된 특징 선택

▎ scikit-learn 변환 API

scikit-learn이 인기 있는 이유 중 하나는 사용하기 편리한 점이다. scikit-learn 라이브러리에는 아주 잘 설계된 API 디자인이 몇 개 있으며, 이 API는 다양한 기법과 루틴에 걸쳐 광범위하게 사용된다. 이 장에서는 변환 API를 다룬다. 변환 API는 아주 간단하고, 제대로 이해하면 어디서나 같은 방법으로 작동하기 때문에 쉽게 새로운 변환 기법을 사용할 수 있다(즉, 변환 기법들은 모두 변환 API를 사용한다).

데이터 변환의 단계는 다음과 같다.

1. 모듈을 임포트^{import}한다.
2. 변환 객체를 설명한다(아래 다이어그램에서 model).
3. 훈련 데이터에 입력시키기 위해 모델을 적합시킨다(아래 다이어그램에서 X_train).
4. 새로운 테스트 데이터를 변환시킨다(아래 다이어그램에서 X_test).

이 단계들은 다음과 같이 워크플로 다이어그램으로 표현될 수 있다.

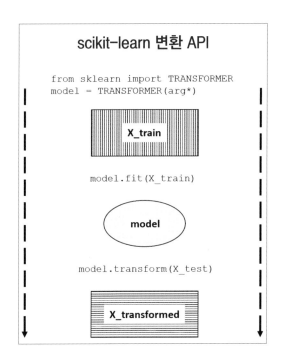

fit()과 transform() 단계는 fit_transform() 기법으로 통합될 수 있고, 훈련 후에 입력 데이터의 변환된 버전을 제공한다. 이 장은 코드 예를 짧게 하기 위해 편의상 단축된 기법을 사용한다.

추정 API는 6장, '회귀와 분류를 이용한 예측'에서 다루고, 파이프라인 API는 7장, '고급 주제: 데이터 처리 파이프라인의 생성과 사용'에서 다룬다.

입력 데이터 클리닝

실제 데이터는 깨끗하지 않은 경우가 많고, 유용한 인사이트를 얻기 위해서는 클리닝 을 거쳐야 한다. 결측값 혹은 오염된 값은 잘못된 결론을 내리거나 인사이트를 놓치게 할 수 있다. 데이터의 품질은 특징 스케일링, 변수 형태 등과 더불어 분석 기법의 효율성에서 매우 중요하다. 앞으로는 각 주제를 별도로 설명하겠다.

결측값

결측값은 데이터 마이닝 프로젝트를 망칠 수도 있다. 한 열이나 행 전체가 없을 수도 있고, 때에 따라서는 단일 셀 혹은 레코드 안의 값이 없을 수도 있다. 후자의 경우는 찾아내기 어렵고, 이런 것들은 특별한 이유 없이도 분석 작업을 실패하게 할 수 있다.

이 책에서는 일부러 몇몇 데이터가 삭제된 iris 데이터의 버전을 포함시켰다. 다음은 결측값이 담긴 데이터의 모습이다.

	sepal length i	sepal width	petal length	petal width	species
1					
2		3.5	1.4	0.2	setosa
3	4.9	3	1.4	0.2	setosa
4		3.2	1.3	0.2	setosa
5	4.6	3.1	1.5	0.2	setosa
6	5	3.6	1.4	0.2	setosa
7		3.9	1.7	0.4	setosa
8	4.6	3.4	1.4	0.3	setosa
9	5	3.4	1.5	0.2	setosa
10	4.4	2.9	1.4	0.2	setosa
11					
12	5.4	3.7	1.5	0.2	setosa
13	4.8	3.4	1.6	0.2	setosa
14	4.8	3	1.4	0.1	setosa
15	4.3	3	1.1	0.1	setosa
16	5.8	4	1.2	0.2	setosa
17					
18	5.4	3.9	1.3	0.4	setosa
10	5.1	3.5	1.4	0.2	

iris_missing_values 데이터를 메모리에 로딩하는 것부터 시작하자.

```
# 결측값을 갖는 iris 데이터셋 로딩하기
import pandas as pd
df = pd.read_csv("./data/iris_missing_values.csv")
df.index.name = "record"
print(df.head())
```

로딩할 때, pandas는 데이터프레임의 결측값을 NaN으로 채운다.

```
       sepal length in cm  sepal width in cm
record
0                    NaN                3.5
1                    4.9                3.0
2                    NaN                3.2
3                    4.6                3.1
4                    5.0                3.6
```

결측값 찾기와 제거하기

결측값은 단일 셀 혹은 전체 행에 걸쳐 발생할 수 있고, 종종 분석가에게 발견되지 않는다. 그러므로 결측값을 찾아내고, 세고, 제거하거나 대체하기 위한 도구가 필요하다. 이는 pandas에 들어있는 함수가 아주 유용하게 사용되는 영역이다. 이전에 언급했듯이, pandas는 결측값을 NaN으로 채운다. 데이터가 데이터프레임에 로딩되면, .isnull() 기법을 통해 모든 널 값을 찾을 수 있다. 대부분의 데이터는 각 셀별로 점검하기에 너무 양이 많으므로, pandas는 결측값을 점검하고 필요한 경우 셀 수 있는 방법을 제공한다. 이기법들은 다음과 같다.

- `.isnull().values.any()`
- `.isnull().values.sum()`

이 pandas 기법들은 데이터프레임 전체 혹은 특정 열에서 작동한다. 편의상 여기서는 단일 열에 집중한다.

먼저 결측값을 찾고 몇 개나 있는지 세어보는 것부터 시작하자.

```
# NaN에 대해 각 데이터의 참/거짓 값을 얻기
df['sepal length in cm'].isnull()

# 열에서 결측값이 있는지 점검
print(df['sepal length in cm'].isnull().values.any())
```

```
# 열에서 결측값의 수 확인
print(df['sepal length in cm'].isnull().values.sum())
```

위 코드의 수행 결과는 다음과 같다.

```
True
6
```

꽃받침sepal 길이 열에 결측값이 있고, 그것의 개수는 6이라는 것을 알려준다.

결측값은 원하는 값으로 대체할 수 있다. 편의상 빈 셀에 문자열 값을 채워 넣는다.

```
# 결측값을 새로운 값으로 채우고, 새로운 df_example 데이터프레임에 저장
df_example = df['sepal length in cm'].fillna('example')
print(df_example.head())
```

위 코드의 수행 결과는 다음과 같다.

```
record
0     example
1         4.9
2     example
3         4.6
4           5
Name: sepal length in cm, dtype: object
```

교체하기를 원하지 않는 결측값의 행이나 열을 쉽게 제거할 수 있다.

```
# 결측값이 있는 행 제거
df_dropped = df.dropna(axis=0)
print(df_dropped.head())
```

위 코드의 수행 결과는 다음과 같다.

```
            sepal length in cm  sepal width in cm
record
1                          4.9                3.0
3                          4.6                3.1
4                          5.0                3.6
6                          4.6                3.4
7                          5.0                3.4
```

여기서 레코드 0, 2, 5는 제거됐기 때문에 보이지 않는다. 비슷한 방법으로 다음과 같이 열을 제거할 수 있다.

```
# 결측값이 있는 열 제거
df_dropped = df.dropna(axis=1)
```

결측값을 대체하기 위한 임퓨팅

띄엄띄엄 결측값이 있는 경우, 빈 셀의 대체 값을 예측할 수 있다. 이 값들을 예측하는 수학적인 장치를 임퓨터imputor라고 부른다. scikit-learn은 SimpleImputor()라 불리는 기법을 내장하고 있다. 이 기법은 다음 두 가지 옵션을 갖고 있으며 사용하기 쉽다.

- missing_values: 데이터에서 결측값의 형태를 가리킨다(nan, 0, n/a 등).
- strategy: 임퓨트impute 기법을 의미한다(선택은 평균, 중앙값, 최빈값, 상수 중 하나다).

strategy = constant로 설정하면, 상수를 정하기 위해 fill_value 옵션을 사용할 수 있다.

이제 SimpleImputer 모듈을 임포트하고 imputer 객체를 생성하자. 다음과 같이 missing_values = np.nan과 strategy = mean 옵션을 사용할 것이다.

```
# scikit-learn에서 임퓨터 모듈을 임포트하고 임퓨터 객체 초기화
from sklearn.impute import SimpleImputer
imputer = SimpleImputer(missing_values=np.nan, strategy='mean')

# 임퓨트할 열 정의
cols = ['sepal length in cm',
```

```
                    'sepal width in cm',
                    'petal length in cm',
                    'petal width in cm',]
```

다음으로 임퓨터를 적합시키고 입력 데이터를 변환해서 df_new라는 새로운 데이터프레임에 저장한다.

```
# 임퓨터를 적합시키고 데이터를 변환한 뒤 df_new에 저장
out_imp = imputer.fit_transform(df[cols])
df_new = pd.DataFrame(data = out_imp, columns = cols)
df_new = pd.concat([df_new, df[['species']]], axis = 1)
print(df_new.head())
```

위 코드의 수행 결과는 다음과 같다.

```
   sepal length in cm  sepal width in cm
0            5.870139                3.5
1            4.900000                3.0
2            5.870139                3.2
3            4.600000                3.1
4            5.000000                3.6
```

레코드 0과 2는 임퓨팅imputing된 값을 갖고, 그 값은 sepal length 열의 평균으로 선택됐다.

특징 스케일링

상수를 곱해도 성질이 바뀌지 않는다면, 그 수학적 성질은 '스케일 불변'으로 간주된다. 예를 들어, 곡선의 모양이 입력의 강도와 상관없이 동일한 경우다. 더 강력한 증거가 필요하다면, 음의 편향이 있는 분포를 상상해보라(2장의 '기본적 요약 통계량' 절에 소개됐던 것과 같은 분포). 이제 전체 분포에 3을 곱해보라. 이 분포의 모양은 여전히 음의 편향을 보여주게 된다.

스케일링은 스케일 불변이 아닌 변환과 학습 알고리즘에 대해 중요하다. 스케일 불변이 아닌 알고리즘의 두 가지 예는 주요 요소 분석(PCA)과 페널티 회귀$^{penalized\ regression}$다. 이 기법들에 친숙하지 않다면, 나중에 다룰 것이니 걱정하지 말자. 이 경우, 큰 값들은 알고리즘 내에서 매개변수 공간을 독점하게 된다. 그 결과는 몇몇 특징들(주로 가장 큰 스케일을 갖는 것)이 데이터 마이닝의 결과에 과도한 영향을 미치게 된다는 것이다. 이 문제를 수정하는 전략은 각 특징을 비슷한 스케일로 적용하는 것이고, 향후 적용되는 기법은 스케일 대신 분산과 편향에 집중하게 된다. 스케일을 수정하는 가장 흔한 방법은 정규화와 표준화다.

다른 많은 스케일링 기법들도 존재하고, 그 기법들이 궁금하다면 복수의 스케일링 기법들을 비교하는 예들을 찾을 수 있다(https://scikit-learn.org/stable/auto_examples/preprocessing/plot_all_scaling.html).

내가 언급했던 내용을 잘 생각해보라. '향후 적용되는 기법은 스케일 대신 분산과 편향에 집중하게 된다.' 분산과 편향은 데이터 분포의 성질이다(2장에서 소개된 요약 통계량을 참고하라). 스케일은 임의의 값이지만 분포는 그렇지 않다. 아직 그렇게 생각하지 않는다면, 전체 데이터에 큰 상수 값을 곱해주는 실험을 해보라. 데이터가 훨씬 더 큰 스케일을 갖지만 모양(즉, 분포)은 변하지 않는 것을 확인할 수 있다.

이 절에서는 iris 데이터를 사용할 것이다. 일단 iris 데이터를 로딩하고 스케일링하게 될 열을 지정하자.

```
# iris 데이터 불러오기
df = pd.read_csv("./data/iris.csv")
df.index.name = "record"

# 스케일링할 열 정의
cols = ['sepal length in cm',
        'sepal width in cm',
        'petal length in cm',
        'petal width in cm']
```

정규화

정규화^{normalization}는 모든 값이 0과 1 사이(혹은 -1과 1 사이)에 위치하도록 각 특징 공간을 리스케일^{rescale}하는 것이다. 정규화를 수행하는 여러 가지 방법이 있지만, 가장 흔한 방법은 scikit-learn의 MinMaxScaler() 함수에 있는 루틴을 이용하는 것이다. 다음은 이 정규화 방법에서 쓰이는 공식이다.

최소 – 최대 정규화

$$x_{i,scaled} = \frac{x_{i,original} - min_Y}{max_Y - min_Y}$$

여기서
x_i = 데이터 포인트
Y = x가 있는 열

 이 변환을 이상치로부터 보호할 수 있는 방법은 없으며, 이상치는 정규화하기 전에 제거해야 한다. 그렇지 않으면 합당한 데이터들이 0-1 전체의 범위에 적절하게 펼쳐지지 못하고 유용한 데이터는 더 적은 범위로 모이게 된다.

scikit-learn의 정규화 객체는 다음 코드에서 보듯이 사용하기 쉽다.

```python
# 모듈을 로딩하고 객체 초기화
from sklearn.preprocessing import MinMaxScaler
scaler = MinMaxScaler()

# 데이터를 정규화하고 out_scaled numpy 행렬에 저장
out_scaled = scaler.fit_transform(df[cols])
```

표준화

표준화^{standardization}는 같은 스케일상의 각 특징 공간 내에서 변동을 위치시키기 위해 사용되며, 데이터를 단위 분산에 대해 펼치고 0에 중간을 맞춘다. 다른 값이 고급 표준화에 대해 선택될 수도 있지만 보통 평균 = 0, 분산 = 1이 가장 흔하다.

표준화된 데이터의 최솟값 혹은 최댓값에 대한 제한은 없으며, 이에 따라 이상치 처리를 상대적으로 잘할 수 있고 이상치들을 변환 후에 쉽게 판별할 수 있다. 게다가 scikit-learn은 표준편차 대신 변동을 측정하기 위해 사분위수 범위를 쓰므로 더욱 강력한 robust_scale 기법을 사용한다. 이런 이유로, 정규화 대신에 표준화를 리스케일 기법으로 추천한다.

scikit-learn의 표준화 객체는 다음 코드에서 보듯이 사용하기 쉽다.

```
# 모듈을 로딩하고 객체 초기화
from sklearn.preprocessing import StandardScaler
scaler = StandardScaler()

# 데이터를 표준화하고 out_scaled numpy 행렬에 저장
out_scaled = scaler.fit_transform(df[cols])
```

카테고리 데이터 처리

대부분의 데이터 마이닝과 머신 러닝 기법들은 연속 변수와 정수 입력에 대해 만들어졌다. 그 기법들은 문자열과 카테고리 데이터를 직접 적용할 수 있도록 만들어지지 않았다. 그래서 데이터 컨디셔닝의 일부분은 카테고리 데이터를 연속 데이터와 비슷하게 만드는 것이다. 이와 관련해서 변수의 형태를 2장에서 이미 소개했다.

한 가지 유의할 점은 변수가 순서대로 돼 있는지 여부다. 예를 들어 운동화 사이즈는 카테고리 데이터인 동시에 순서적[ordinal]이다. 큰 사이즈는 큰 운동화를 의미하기 때문이다. 반면 운동화 색깔은 카테고리 데이터이지만 순서적이 아니다. 다른 색깔은 크기와 관계없기 때문이다. 후자의 경우는 이런 변수들을 명목적[nominal]이라 부른다. 이 절에서는 원핫[one-hot] 인코딩이라 부르는 기본적인 순서적 인코딩을 다룬다. 원핫 인코딩은 순서적 혹은 명목적 변수에 모두 사용된다. 그다음에는 카테고리 타깃 변수를 간단한 단일 단계로 유용한 것으로 바꿔주는 레이블 인코딩을 다룬다.

이 절을 시작하기 전에 long_jump 데이터를 다음과 같이 로딩하자.

```
# long_jump 데이터 불러오기
df = pd.read_csv("./data/long_jump.csv")
df.set_index('Person', inplace=True)
```

순서적 인코딩

순서적 변수는 순서가 있다. long_jump 데이터에서는 운동복 사이즈와 신발 사이즈가 있다. 두 변수 모두에서 큰 값은 실제로 큰 것을 의미한다. 즉, large는 항상 medium보다 크고, medium은 small보다 크다. 게다가 이러한 관계는 현실 세계에서의 순서 관계와 마찬가지다.

데이터에서 운동복 사이즈와 신발 사이즈 카테고리 변수를 알아보자. 다음과 같이 그 변수들을 필터링한다.

```
# 카테고리 열에 필터 적용
cats = ['Jersey Size', 'Shoe Size']
print(df[cats])
```

위 코드의 수행 결과는 다음과 같다.

```
         Jersey Size  Shoe Size
Person
Thomas         small          7
Jane          medium         10
Vaughn         large         12
Vera          medium          9
Vincent        large         12
Lei-Ann        small          7
```

이제 scikit-learn의 OrdinalEncoder 모듈을 순서적 열을 인코딩하기 위해 사용한다. 항상 적절한 모듈을 임포트하고 인코더 객체를 예시하는 것부터 시작한다. 다음으로 입력 데이터에 객체를 적합시키고, 한 번에 .fit_transform() 기법으로 변환시킨다. 마지막으로 새로운 카테고리와 결과 행렬을 .categories_와 out_enc로 출력한다.

```
# 모듈을 임포트하고 enc 객체 초기화
from sklearn.preprocessing import OrdinalEncoder
enc = OrdinalEncoder()

# 한 번에 객체를 적합 및 변환하고 카테고리 출력
out_enc = enc.fit_transform(df[cats])
print('identified categories:')
print(enc.categories_)
print('encoded data:')
print(out_enc)
```

위 코드의 수행 결과는 다음과 같다.

```
identified categories:
[array(['large', 'medium', 'small'], dtype=object), array([7, 9, 10, 12], dtype=object)]
encoded data:
[[2. 0.]
 [1. 2.]
 [0. 3.]
 [1. 1.]
 [0. 3.]
 [2. 0.]]
```

첫 번째 특징('Jersey Size')에 대한 카테고리는 large, medium, small의 순서화된 리스트이고, 두 번째 특징('Shoe Size')에 대한 카테고리는 7, 9, 10, 12의 순서화된 리스트다. 결과 행렬은 다음에 출력된다. 이전의 두 순서화된 리스트를 통해 입력 데이터를 출력 데이터에 매핑시킬 수 있다. 이 인코딩 변환을 잘 적용해야 함을 유의하라.

다음으로, 원래 데이터프레임의 원래 열을 새롭게 인코딩된 연속적 특징으로 다시 쓴다.

```
# 원래 데이터프레임에 카테고리 특징 다시 쓰기
df[cats] = out_enc
print(df.head())
```

위 코드의 수행 결과는 다음과 같다.

```
         Age  Height  Weight  Jersey Color  Jersey Size  Shoe Size  Long Jump
Person
Thomas    12    57.5    73.4          blue          2.0        0.0       19.2
Jane      13    65.5    85.3         green          1.0        2.0       25.1
Vaughn    17    71.9   125.9         green          0.0        3.0       14.3
Vera      14    65.3   100.5           red          1.0        1.0       18.3
Vincent   18    70.1   110.7          blue          0.0        3.0       21.1
```

원핫 인코딩

원핫 기법은 바이너리 기법(0과 1)을 사용해서 기계의 상태를 기록하는 전자공학의 한 방법에서 출발했다. 이 기법은 각 기계의 가능한 상태를 하나의 플래그로 정의하며, 현재의 상태와 맞는 플래그를 1로 하고 나머지 플래그를 0으로 하는 것이다. 통계학자들은 데이터 마이닝과 머신 러닝에서 카테고리 변수들을 표시하기 위해 이 기법을 적용해왔다. 플래그(즉, 새로운 특징)는 원래 특징 열의 각 가능한 값에 대해 정의되고, 레코드가 그 상태에 있으면 1로 되며, 나머지 플래그들은 0이 된다.

원핫 기법을 이해하는 가장 좋은 방법은 실제로 예제를 보는 것이다. 아래 테이블은 카테고리 특징인 신발 사이즈에 대해 원핫 기법을 어떻게 적용하는지 보여준다. 원래 열은 7, 9, 10, 12의 값을 가지고 있다. 네 개의 가능한 값은 네 개의 플래그가 있고 네 개의 새로운 특징 열이 있음을 의미한다. 그리고 Shoe Size_7, Shoe Size_9와 같은 알기 쉬운 이름을 사용할 수 있으며, 0과 1은 각 행에 대해(즉, 각 사람에 대해) 채워진다. 다음으로 넘어가기 전에 이 테이블을 잘 살펴보라.

원핫 인코딩 사례

원래 데이터			인코딩된 후				

Person	Shoe Size
Thomas	7
Jane	10
Vaughn	12
Vera	9
Vincent	12
Lei-Ann	7

Person	Shoe Size_7	Shoe Size_9	Shoe Size_10	Shoe Size_12
Thomas	1	0	0	0
Jane	0	0	1	0
Vaughn	0	0	0	1
Vera	0	1	0	0
Vincent	0	0	0	1
Lei-Ann	1	0	0	0

 원핫 인코딩은 처음 보는 사람들에게 다소 혼동스러운 내용이지만, 이를 이해하는 것은 중요하다. 예를 들어 다운스트림 예측에서 가장 인기 있는 분류기는 트리 기반 기법이고, 원핫 인코딩은 이러한 기법들에 대한 카테고리를 입력하기 위한 최신 솔루션으로 간주된다. 트리 기반 기법은 6장, '회귀와 분류를 이용한 예측'에서 다뤄진다.

원핫 인코딩의 단점은 소스에서 가용하지 않은 새로운 상태를 외삽^{extrapolate}하는 것이 불가능하다는 것이다. 예에서, 소스 데이터에 사이즈 11이 없기 때문에 Shoe Size = 11을 정의할 수 있는 방법은 없다. 이는 다운스트림 분석에서 Shoe Size = 11 상태에 접근할 수 없게 되는 부작용을 낳는다.

예제에서는 같은 long_jump 데이터와 '순서적 인코딩' 절에서 사용했던 cats 리스트를 사용할 것이다. OneHotEncoder 모듈을 임포트하고 encoder 객체를 생성하자. 이어서 cats 리스트 내의 변수들을 적합시키고 변환시킬 것이다. 다음으로 scikit-learn의 .get_feature_next() 기법을 사용해서 새로운 열 이름을 불러오고 점검을 위해 출력할 것이다.

```
# 모듈을 임포트하고 enc 객체 초기화
from sklearn.preprocessing import OneHotEncoder
enc = OneHotEncoder(sparse=False)
```

```
# 한 번에 객체를 적합 및 변환하고 카테고리 출력
```

```
out_enc = enc.fit_transform(df[cats])
new_cols = enc.get_feature_names(cats).tolist()
print(new_cols)
```

위 코드의 수행 결과는 다음과 같다.

```
['Jersey Size_large', 'Jersey Size_medium', 'Jersey Size_small', 'Shoe
Size_7', 'Shoe Size_9', 'Shoe Size_10', 'Shoe Size_12']
```

이 결과는 예상했던 것과 잘 맞는다. 데이터에서 가능한 상태를 표현하는 각 플래그에 대한 특징 열은 Jersey Size_medium이나 Shoe Size_10처럼 알기 쉽게 이름이 붙여졌다.

이제 소스 열을 새로운 원핫 특징으로 바꿔준다. cats 리스트에서 원래 열을 제거한 뒤, 소스에 있는 임시 데이터프레임의 값들을 연결해 그 작업을 수행할 수 있다.

```
# 원래 데이터와 연결된 임시 데이터프레임 df_enc를 생성
df_enc = pd.DataFrame(data = out_enc, columns = new_cols)
df_enc.index = df.index

# 원래 열을 삭제하고 새로운 열과 연결시킴
df.drop(cats, axis=1, inplace=True)
df = pd.concat([df, df_enc], axis = 1)
print(df.columns)
```

위 코드의 수행 결과는 다음과 같다.

```
Index(['Age', 'Height', 'Weight', 'Training Hours/week', 'Jersey Color',
       'Long Jump', 'Jersey Size_large', 'Jersey Size_medium',
       'Jersey Size_small', 'Shoe Size_7', 'Shoe Size_9', 'Shoe Size_10',
       'Shoe Size_12'])
```

레이블 인코딩

때때로 인코딩이 필요한 열은 레이블 혹은 결과 열이다. 이런 상황에서 scikit-learn은 단일 열을 인코딩하는 LabelEncoder 모듈을 제공한다. 이 모듈은 정수 혹은 문자열 입력에서 작동한다. 다음 코드는 두 경우 모두에 대한 예를 보여준다.

```
# 모듈을 임포트하고 enc 객체 초기화
from sklearn import preprocessing
enc = preprocessing.LabelEncoder()

# 정수 레이블로 적합시키고 변환
out_enc = enc.fit_transform([1, 2, 5, 2, 4, 2, 5])
print(out_enc)

# 문자열 레이블로 적합시키고 변환
out_enc = enc.fit_transform(["blue", "red", "blue", "green", "red", "red"])
print(out_enc)
```

위 코드의 수행 결과는 다음과 같다.

```
[0 1 3 1 2 1 3]
[0 2 0 1 2 2]
```

▍고차원 데이터

데이터 마이닝에서 일반적으로 분석가는 새로운 특징 열을 분석하는 것에 호의적이다. 추가된 특징이 새로운 정보를 제공하는 것을 기대하기 때문이다. 인간이 지닌 본성에 부합한다고 말할 수 있겠지만, 여기서 조심해야 할 점이 있다. 1950년대에 수학자 리처드 벨먼Richard E. Bellman에 의해 명명된 '차원성의 저주curse of dimensionality'가 바로 그것이다. 이는 특징 공간의 통계적으로 유의미한 표현에서 차원 수가 증가함에 따라 사례(행)의 수는 기하급수적으로 증가한다는 것이다. 차원 수의 증가에 맞춰서 사례의 수를 증가시키지 못하는 것은 데이터가 희박해지게 만들고 실제를 반영하기 어렵게 한다. 흔한 간단한 규칙은 새로운 차원이 추가될 때마다 다섯 개의 사례가 필요하다는 것이다. 내 경험으로는 이 비율을 가능하면 10:1까지 증가시키는 것이 좋다.

▍차원 감소

차원성의 저주 때문에 특징 열의 숫자 감소는 작업을 하기 전에 이뤄져야 할 수도 있다. 하지만 차원 수를 줄여야 하는 다른 이유들도 있다. 예를 들어, 데이터를 2차원의 종이 혹은 컴퓨터 스크린을 통해 시각화해야 하는 경우 차원 수를 두 개로 줄여야 한다.

차원 수를 줄이는 데는 다음과 같은 두 가지 전략이 있다.

- **선택**: 가장 좋은 특징을 선택하고 나머지를 제거한다.
- **변환**: 원래 특징들의 결합을 요약하는 새로운 특징을 생성한다.

특징 선택

특징 선택은 두 가지의 큰 전략으로 이뤄진다. 첫 번째는 특징 필터링이며, 먼저 중요한 척도를 정의하고 가장 중요한 것만 필터링한다. 두 번째는 래퍼^{wrapper} 기법이며, 다운스트림 작업을 흉내 내고 가장 좋은 결과를 선택하기 전에 다양한 조합을 샘플링한다. 즉, 래퍼 기법은 특징의 부분집합으로 여러 개의 미니 모델을 생성하고 가장 좋은 결과를 보여주는 것을 점수화한다.

특징 필터링

특징 필터링의 핵심은 간단하다. 목표가 중요성을 점수화하는 방법을 찾는 것이라면, 가장 중요한 것만 보유하라. 물론 거기에 상세한 사항이 들어있고 중요성을 점수화하는 방법은 여러 가지가 있다. 가장 흔한 방법은 분산 한계점을 정의하고 상관계수에 의해 정렬하는 것이다.

분산 한계점

이 이름이 보여주듯이, 분산 한계점 기법은 한계점을 설정하고 그 값 아래에 있는 특징들을 제거하는 방법이다. 분산을 좀 더 자세히 알고 싶다면, 2장의 '기본적 요약 통계량' 절을 참고할 수 있다. scikit-learn의 VarianceThreshold 객체는 적합할 때 각 특징의 분산을 저장하므로, 이를 활용하기 위해 사전 적합을 해보는 것을 추천한다. 사전 적합할 때는 모든 특징이 사전 적합 후에도 남아있게 하기 위해 한계점을 설정하지 않는다.

이를 위한 단계는 다음과 같다.

1. 한계점 없이 사전 적합
2. 분산의 분석
3. 한계점 선택
4. 선택된 한계점을 가지고 재적합

먼저 iris 데이터를 로딩하고 선택하기를 원하는 입력 열을 정의한다.

```
# iris 데이터 불러오기
df = pd.read_csv("iris.csv"); df.index.name = 'record'

# 필터 적용할 열 정의
cols = ['sepal length in cm',
        'sepal width in cm',
        'petal length in cm',
        'petal width in cm',]
```

이제 VarianceThreshold 객체를 생성하고, 한계점 없이 사전 적합한 후 분석한다.

```
# 한계점 없이 scikit-learn 객체 초기화
from sklearn.feature_selection import VarianceThreshold
selector = VarianceThreshold()

# df[cols] 사전 적합
selector.fit(df[cols])

# 선택 이전에 특징 분산 점검
print(selector.variances_)
```

위 코드의 수행 결과는 다음과 같다.

```
[0.68 0.19 3.09 0.58]
```

편의상 0.6을 한계치로 선택하고 재적합한다. 결과에서 0부터 2까지의 열이 선택되는 것을 기대할 수 있다.

```
# 선택 객체의 한계치 설정
selector.set_params(threshold=0.6)

# 재적합 및 변환 후 out_sel에 결과 저장
out_sel = selector.fit_transform(df[cols])

# 선택된 특징 점검
print(selector.get_support())
```

위 코드의 수행 결과는 다음과 같다.

```
[ True False True False]
```

이제 scikit-learn의 get_support() 기법을 사용해서 필터링을 적용한다.

```
# 선택된 특징 필터 적용
df_sel = df.iloc[:, selector.get_support()]

# 새로운 데이터프레임에 레이블을 추가하고 점검
df_sel = pd.concat([df_sel, df[['species']]], axis = 1)
print(df_sel.head())
```

위 코드의 수행 결과는 다음과 같다.

```
        sepal length in cm  petal length in cm species
record
0                      5.1                 1.4  setosa
1                      4.9                 1.4  setosa
2                      4.7                 1.3  setosa
3                      4.6                 1.5  setosa
4                      5.0                 1.4  setosa
```

상관계수

수학에서 상관성은 두 변수 간 일치성의 강도를 나타낸다. 피어슨의 *r* 상관계수는 가장 흔히 사용되는 상관성 지표다. *1* 혹은 *-1*의 값은 가장 강한 양의 상관관계나 음의 상관관계를 나타낸다. 0에 가까운 값은 두 변수 사이의 상관관계가 낮음을 의미한다. pandas에 내장된 .corr() 기법과 seaborn의 히트맵heatmap을 사용해서 시각적으로 복수의 *r* 상관계수를 한 번에 분석할 수 있고, 결과에서 가장 높은 상관관계를 갖는 특징을 필터링할 수 있다.

seaborn이 히트맵에서 컬러 맵을 사용할 수 있도록 기초적인 시각화 파이썬 라이브러리인 matplotlib 라이브러리를 로딩함으로써 예제를 시작한다. boston 데이터를 다음과 같이 로딩한다.

```
# 컬러 맵을 사용하기 위해 matplotlib 임포트
import matplotlib.pyplot as plt

# boston 데이터 로딩하기
```

```
from sklearn.datasets import load_boston
dataset = load_boston()
df = pd.DataFrame(dataset.data, columns=dataset.feature_names)
df['MEDV'] = dataset.target; df.index.name = 'record'
```

이제 pandas의 .corr() 기법을 사용해서 모든 변수의 쌍의 r 상관계수를 구한다. seaborn 히트맵 루틴을 사용해서 상관계수를 플롯할 수 있고, 컬러 맵을 matplotlib의 Blues로 설정한다.

```
# pandas의 corr()을 사용해서 상관계수 구하기
cor = df.corr()

# seaborn의 히트맵을 사용한 시각화
sns.heatmap(cor, annot=False, cmap=plt.cm.Blues)
plt.show()
```

위 코드의 수행 결과는 다음과 같다.

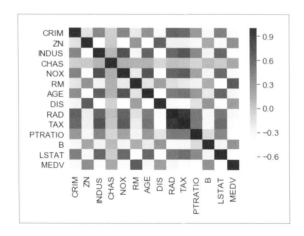

위 다이어그램에서 우변의 스케일은 히트맵을 분석하는 데 도움을 줄 것이다. 진한 파란 색은 더 강한 상관관계를 나타낸다. 여기서 대각선은 자신과의 쌍이므로 모두 r=1이다. 이 기법을 간단하게 모든 상관관계를 분석하는 데 쓸 수 있다. 이 히트맵은 복수의 결과

변수를 한 번에 비교하거나 상관관계가 높은 변수를 찾는 경우에 유용하다. 이 데이터에서 단일 결과 변수('MEDV')만을 사용하므로, 그 결과 변수에 대해 각 입력과 쌍을 이루는 결과의 r 상관계수를 살펴보자.

```
# 타깃 변수에 대한 상관계수 값 구하기
cor_target = abs(cor['MEDV'])
print(cor_target)
```

위 코드의 수행 결과는 다음과 같다.

```
CRIM        0.385832
ZN          0.360445
INDUS       0.483725
CHAS        0.175260
NOX         0.427321
RM          0.695360
AGE         0.376955
DIS         0.249929
RAD         0.381626
TAX         0.468536
PTRATIO     0.507787
B           0.333461
LSTAT       0.737663
MEDV        1.000000
Name: MEDV, dtype: float64
```

편의상 0.6을 한계점으로 하고 필터링한다. 이 결과에서 열 5와 12(0.69와 0.74)가 선택될 것을 기대하게 된다.

```
# 한계점 0.6 이상의 특징 선택
selected_cols = cor_target[cor_target>0.6]
print("selected columns, correlation with target > 0.6")
print(selected_cols)
# 선택된 특징 필터 적용
df_sel = df[selected_cols.index]
print(df_sel.head())
```

위 코드의 수행 결과는 다음과 같다.

```
selected columns, correlation with target > 0.6
RM         0.695360
LSTAT      0.737663
MEDV       1.000000
Name: MEDV, dtype: float64
          RM   LSTAT   MEDV
record
0        6.575   4.98   24.0
1        6.421   9.14   21.6
2        7.185   4.03   34.7
3        6.998   2.94   33.4
4        7.147   5.33   36.2
```

래퍼 기법

래퍼 기법은 머신 러닝 예측 알고리즘을 사용해서 좋은 예측을 위한 각 특징의 공헌도를 점수화한다. 순차적 버전은 알고리즘 적합의 각 반복에서 특징 리스트를 업데이트한다. 업데이트는 전방 혹은 후방 방향으로 할 수 있다. 즉, 0개의 특징에서 시작해 하나 혹은 그 이상씩 선택하거나, 모든 특징에서 시작해 하나 혹은 그 이상씩 뺄 수 있다.

순차적 특징 선택

순차적 특징 선택은 전방 혹은 후방 방향으로 할 수 있다. 순차적 특징 선택을 위해 전방 순차 선택 혹은 후방 순차 선택 루틴을 사용한다. 보통 분석가들이 이 용어를 사용할 때는 그들이 점수화 함수를 결정하고 전략을 업데이트하는 루틴을 가리키며(즉, 특징을 더하거나 빼는 것), 그 루틴을 위해 커스텀 코드를 작성한다. 예측 알고리즘의 자동 점수화를 사용할 의향이 있다면, scikit-learn은 내장된 반복적 특징 제거recursive feature elimination (RFE) 기법을 제공한다.

TIP scikit-learn의 RFE 기법은 적합 객체에 .coef_ 혹은 .feature_importance_ 속성이 있는 어느 예측 알고리즘에서도 작동한다. RFE 기법을 위해 많은 후보 알고리즘이 있지만, 나는 연속 타깃 변수에 대해서는 LinearRegression()을 추천하고 카테고리 타깃 변수에 대해서는 RandomForestClassifier()를 추천한다.

이 예제에 대해, 선택하기를 원하는 특징 열을 정의하는 것부터 먼저 시작하자.

```
# iris 데이터 불러오기
df = pd.read_csv("./data/iris.csv"); df.index.name = 'record'

# 선택할 열 지정
cols = ['sepal length in cm',
        'sepal width in cm',
        'petal length in cm',
        'petal width in cm',]
```

서포트 벡터 머신 분류기(SVC)를 예제 RFE에서 추정기로 사용한다. 이제 모듈을 임포트하고 SVC 객체에 대해 독립변수(X)와 종속변수(Y)를 정의하자.

```
# RFE와 분류기 SVC에 대한 모듈 불러오기
from sklearn.feature_selection import RFE
from sklearn.svm import SVC

# 독립변수를 X로, 종속변수를 y로 지정
X = df[cols]
y = df['species']
```

다음으로, RFE와 SVC 객체를 생성한 뒤 SVC 객체를 RFE의 인수로 전달한다. 결과 특징의 개수(이 경우는 2)를 선택하기 위해 n_features_to_select 옵션을 사용한다. 다음으로 적합을 한 뒤 RFE의 ranking_ 속성을 사용해서 특징 랭킹을 점검한다.

```
# RFE 객체를 생성하고 각 픽셀의 랭킹 생성
svc = SVC(kernel="linear", C=1)
rfe = RFE(estimator=svc, n_features_to_select=2, step=1)
rfe.fit(X, y)

# 랭킹 출력
print(cols)
print(rfe.ranking_)
```

위 코드의 수행 결과는 다음과 같다.

```
['sepal length', 'sepal width', 'petal length', 'petal width']
[3 2 1 1]
```

선택된 속성들은 1의 중요성을 갖는다, n_features_to_select = "2"를 RFE 객체의 인수로 전달했기 때문에 이 객체는 두 개의 특징을 선택한다. 이 경우 "petal length"와 "petal width"가 선택됐다.

변환

데이터 차원을 감소시키는 흔한 전략 중 하나는 변환이다. 이 전략은 원래 데이터를 새롭게 변환시킬 새로운 차원이나 특징 벡터를 선택한다. 변환은 한 방향에서 더 유용한 방향으로의 데이터 회전으로 생각할 수 있다. 물론, 여기서 중요한 것은 어떻게 새로운 특징 벡터 방향을 선택하느냐다. 여기에는 두 가지 흔한 수학적 기법이 있고, 둘 다 감독supervised/비감독unsupervised인 경우에 완전히 확정적이고 타깃된 성질을 갖는다. 감독 버전은 데이터에 레이블을 포함하고, 비감독 버전은 포함하지 않는다. 변환을 설명하고 기법에 대한 이해를 돕기 위해 간단한 예를 들어보자.

- **회전 예제**: 오버헤드 프로젝터의 앞에서 손을 들고 있으며, 관찰자에게 무엇이 보이는지 질문한다고 하자. 이제 손을 여러 방향으로 회전한다고 생각해보자.

어떤 방향과 위치는 관찰자들에게 더 유용할 것이다. 예를 들어, 손은 큰 사각형 혹은 회전되는 비행기처럼 보일 수도 있고, 혹은 초등학교에서 만들었던 종이 칠면조처럼 보일 수도 있다. 데이터(즉, 여러분의 손)는 바뀌지 않았지만, 데이터를 단지 회전시킴으로써 다운스트림 분석에서의 유용성이 바뀔 수 있는 것이다.

- **새로운 특징 벡터 선택**: 손과 프로젝트의 예를 계속 사용해보자.

  ○ **비감독**: 레이블이 없으므로, 목표는 가능한 한 많은 정보를 노출시키는 것이다. 여러분의 손을 프로젝트 앞에 정상적으로 위치시키는 것은 그림자의 면적을 최대화할 것이므로, 좋은 선택이 될 수 있다. 데이터 마이닝에서는 특징 분산의 형태에서 정보를 최대화하는 방향을 찾는다. 그리고 그 데이터를 고분산(즉, 많은 정보) 공간으로 회전시킨다. 더 자세한 내용은 이 장의 'PCA' 절을 참고하라.

  ○ **감독**: 레이블이 있고 그 레이블을 유용하게 사용할 수 있다. 엄지손가락을 '0'이라 하고 다른 손가락을 '1'이라 한다고 가정하자. 이제 머릿속에서 '0' 레이블 주위에 원을 그리고 '1' 주위에 더 큰 원을 그린다. 각 원의 중심을 표시하고, 손을 두 중심이 최대한 멀어질 때까지 회전시킨다. 두 클래스 레이블(0과 1)을 가장 차별하는 선을 찾을 수 있을 것이다. 이와 관련된 내용은 이 장의 'LDA' 절을 참고하라.

PCA

PCA는 비감독 방법으로 데이터의 차원을 감소시키기 위해 사용된다. 이 기법의 목표는 새로운 특징 벡터를 파악하고, 데이터의 분산을 최대화하고, 원래의 데이터를 새로운 공간에 투사하는 것이다. 이에 대한 설명이 필요하다면 이전 절의 간단한 예를 참고하라.

분산을 최대화하는 새로운 특징 벡터는 고유벡터^{eigenvector}라 불리고, 이것이 데이터의 주성분이 된다. 원래의 특징당 하나의 성분이 있게 된다. 이 기법의 능력은 덜 중요한 성분을 버리고 가장 중요한 성분만 갖고 있음으로써 차원을 감소시킬 때 발휘된다. scikit-learn은 각 주요 성분의 중요성에 대해 순위를 매길 때 사용될 수 있는 explained_ variable_ 속성을 제공한다. 데이터 마이닝에서는 주로 새롭게 정의된 낮은 차원을 표시하고 scikit-learn으로 하여금 그 차원을 분산으로 정렬하고 특징들을 제거하기 위해 n_componets 옵션을 사용하게 될 것이다.

다음의 PCA 예에서 iris 데이터의 원래 스캐터 플롯은 왼쪽에 표시됐다. 가장 큰 분산은 적색 화살표의 방향에서 나타나고("PCA1"), 두 번째는 적색 화살표에서 직각 방향인 검은 화살표의 방향에서 나타난다("PCA2"). 이제 데이터를 회전시켜서 두 축이 두 주요 성분이라고 상상해보자. 마지막으로, 축의 방향이 "PCA1"과 "PCA2"인 오른쪽의 스캐터 플롯을 살펴보라.

 다음으로 넘어가기 전에 오른쪽과 왼쪽 스캐터 플롯의 관계는 머릿속에서 명확해져야 한다. 이는 그 수학적 배경을 이해하는 동시에 강력한 분석을 할 수 있게 하는 인사이트다. 이 책에 있는 기법들은 블랙박스가 아니므로, 그 기법을 배우고 이해할 수 있게 노력해야 한다. 그렇지 않으면 데이터 마이닝 분석가가 되기 어려울 것이다.

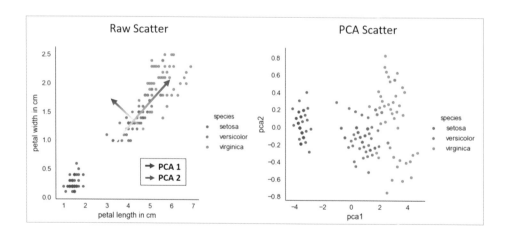

이제 scikit-learn PCA 객체와 문법, 그리고 스캐터 플롯을 생성하기 위해 필요한 코드를 살펴보자.

```
# 두 개의 결과 차원을 갖는 pca 객체 초기화
from sklearn.decomposition import PCA
pca = PCA(n_components=2)

# 두 개의 입력 차원을 사용해서 적합 및 변환
out_pca = pca.fit_transform(df[['petal length in cm',
                                'petal width in cm',]])

# pca 결과 데이터프레임을 생성하고 'species' 레이블 명명
df_pca = pd.DataFrame(data = out_pca, columns = ['pca1', 'pca2'])
df_pca = pd.concat([df_pca, df[['species']]], axis = 1)

# pca 데이터 스캐터 플롯 생성
sns.lmplot(x='pca1', y='pca2', hue='species', data=df_pca, fit_reg=False)
```

각 주요 성분에 대한 설명된 분산은 급속히 하락한다. 예를 들어, 50개 혹은 100개의 차원이 있는 데이터에서 보통 두 개 혹은 세 개의 주요 성분만 남기는 것은 흔하다. 그 주요 성분들이 종종 95% 이상의 분산을 설명하기 때문이다. "PCA1"과 "PCA2"의 분산을 보여주기 위해 explained_variance_ratio를 다음과 같이 사용할 수 있다.

```
# 각 원소에 의해 설명되는 분산 구하기
print(pca.explained_variance_ratio_)
```

위 코드의 수행 결과는 다음과 같다.

```
[0.99019934 0.00980066]
```

두 개의 차원을 갖는 iris 데이터에서 첫 번째 주요 성분은 99.02%의 분산을 설명하고, 두 번째는 0.01%만 설명한다. 이는 데이터 마이닝에서 필요한 거의 모든 정보는 첫 번째 주요 성분으로부터 구할 수 있다는 것을 의미한다. 이를 각 성분에 대해 바이올린 플롯으로 시각화할 수 있다. 다음 플롯에서 어떤 성분이 가장 유용하고 많은 정보를 주는지 명확히 볼 수 있다.

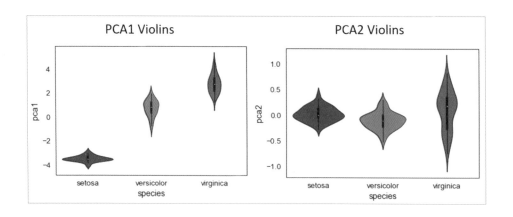

LDA

LDA는 감독된 방법으로 데이터의 차원을 줄이는 데 사용된다. 이 기법의 목표는 각 그룹이나 클래스의 평균값을 계산하고 각 클래스의 중심을 최대한 분리하거나 차별하는 새로운 차원을 찾아내는 것이다. 그리고 PCA에서처럼 데이터는 새로운 LDA 차원에 의해 기술된 대로 새로운 공간으로 회전되고 사상된다. 직관적인 이해를 위해 '변환' 절에서 다뤘던 예를 참고하라.

분리를 최대화하는 새로운 특징 벡터는 판별식discriminant이라 부른다. 각 벡터는 자신과 자신 외의 모든 다른 벡터를 비교하는 판별식이 있으므로, n개의 벡터가 있는 경우 $n-1$개의 판별식이 있게 된다.

다음의 LDA 예에서 iris 데이터의 원래 스캐터 플롯은 왼쪽에서 볼 수 있다. 여기서 이전 절에서 다뤘던 PCA 예와는 다른 특징을 선택했다는 점에 유의하라. 부채붓꽃setosa과 나머지의 클래스 분리는 적색 화살표("LDA1")의 방향으로 이뤄졌고, 부채붓꽃 – 흰여로versicolor – 질경이virginica의 클래스 분리는 검은 화살표("LDA2")의 방향으로 이뤄졌다. 이제 데이터를 회전시켜서 두 축이 두 판별식이 되는 것을 상상해보라. 마지막으로 축이 방향, 즉, "LDA1"과 "LDA2"가 되는 오른쪽 스캐터 플롯을 살펴보라.

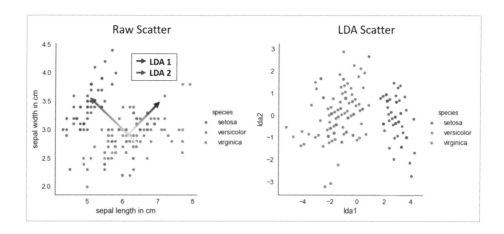

이제 scikit-learn LDA 객체, 문법, 그리고 이전의 스캐터 플롯을 생성하는 데 사용됐던 코드를 살펴보자.

```
# 두 개의 결과 차원을 갖는 lda 객체 초기화
from sklearn.discriminant_analysis import LinearDiscriminantAnalysis
lda = LinearDiscriminantAnalysis(n_components=2)

# 두 개의 입력 차원을 사용한 적합 및 변환
cols = ['sepal length in cm','sepal width in cm']
lda.fit(df[cols], df['species'])
out_lda = lda.transform(df[cols])

# lda 결과 데이터프레임 생성 및 species 열 명명
df_lda = pd.DataFrame(data = out_lda, columns = ['lda1', 'lda2'])
df_lda = pd.concat([df_lda, df[['species']]], axis = 1)
```

▍요약

이 장에서는 데이터 클리닝과 차원 감소의 기본을 다뤘다. 이 내용을 읽고 나면 어떻게 결측값을 처리하고, 입력 데이터를 리스케일하고, 카테고리 변수를 처리하는지 이해할 수 있을 것이다. 또한 고차원 데이터의 문제와 필터, 래퍼, 변환 기법 등을 사용해서 어떻게 특징 감소 기법을 적용하는지를 이해할 수 있을 것이다.

5장에서는 데이터 마이닝 인사이트를 위해 레코드를 그룹화하는 클러스터링과 다른 기법들을 살펴본다.

5

데이터의 그룹화와 클러스터링

데이터의 모양을 설명하는 좋은 방법은 유사성에 따라 데이터를 그룹에 할당하고 그 그룹들을 시각화하는 것이다. 이는 분석가들로 하여금 데이터를 의미 있는 그룹에 할당하고 궁극적으로 패턴을 발견할 수 있게 해준다. 데이터 마이닝에서 이 그룹들은 클러스터 cluster라고 부른다. 이 장에서는 흔한 클러스터링 기법들을 이해하는 데 필요한 일반적인 배경부터 먼저 설명한다. 그다음에는 몇몇 인기 있는 기법들을 좀 더 자세히 살펴보면서 그 기법들을 어떻게 적용하는지 설명한다.

5장에서는 다음의 주제들을 다룬다.

- 클러스터링 개념 설명
- 평균 분리(K-평균과 K-평균++)
- 응집agglomerative 클러스터링

- 밀도 클러스터링
- 스펙트럼 클러스터링

▌ 클러스터링 개념 소개

그룹화와 클러스터링은 아주 간단한 목표를 갖고 있으며, 이 장 전반에 걸쳐 이 목표를 염두에 둬야 한다.

클러스터링의 목표: 비슷한 것들을 그룹으로 묶어주고 다른 것들은 분리한다.

이는 곧 목표의 시작이자 끝이지만, 다른 데이터 마이닝 기법과 마찬가지로 추가적인 세부 사항들이 있다.

먼저 이 작업들을 하기 위해 어떠한 수학적 도구가 필요한지 살펴보자. 수학적 도구를 계량적으로 설명하기 위해 다음의 세 가지가 필요하다.

1. **그룹의 위치**: 복수의 차원에 걸치는 공간에서 어디에 그룹이 위치할지 결정하는 방법
2. **유사성**: 다른 데이터와 비교해서 얼마나 유사하고 얼마나 다른지를 의미함
3. **종료 조건**: 그룹화를 종료하는 시점(가능한 한 인간의 개입 없이)

이 세 가지를 계산적으로 정의하는 방법을 찾을 수 있으면, 데이터를 클러스터로 묶는 과정을 시작할 수 있다.

 이 장에서는 문제를 분석하고(어떻게 클러스터를 구성할지), 솔루션을 찾기 위해 필요한 것들을 고려하며, 그 고려 사항을 어떻게 잘 알려진 기법들과 연결시킬지 다룰 것이다. 데이터 마이닝 분야에서 새로운 분야를 마주칠 때 이러한 순서로 접근하기를 권한다. 인간은 이러한 순서로 기법을 발전시켜왔고, 이러한 순서로 생각을 정리하는 것은 새로운 주제에 접근할 때 도움이 될 것이다. 데이터 마이닝은 블랙박스가 아니다. 그 방법들은 제대로 학습할 수 있다. 도전해보자!

클러스터링은 골프와 비슷하다. 아주 간단하지만, 쉽지 않다. 클러스터링 문제가 어떻게 금방 어려워지는지 살펴보자. 오른쪽의 플롯에서 각 클러스터의 스프레드spread가 얼마나 다른 것과 겹치는지 살펴보라. 이제 100개의 차원에서 클러스터가 겹치는 현상을 상상해보라(실제 데이터에서는 충분히 있을 수 있는 일이다). 종종 클러스터링은 비감독 환경(레이블이 없는)에서 수행되므로, 아래와 같이 색깔별로 구분되지도 않는 것을 상상해보라. 클러스터링은 순식간에 아주 풀기 어려운 문제가 된다.

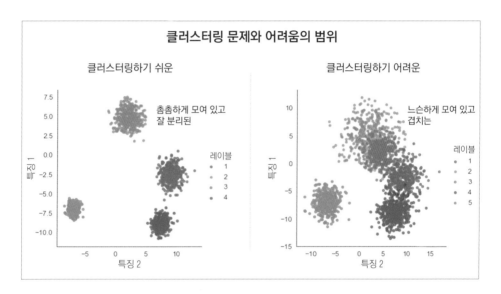

그룹의 위치

물론 클러스터링 프로세스 각 단계마다 개입해서 인간의 직관으로 그룹의 위치를 정하는 것도 바람직하지는 않다. 그런 시도는 아주 오랜 시간이 걸릴 것이고, 인간은 3차원 이상의 생각에는 효율적이지 않다. 그러므로 이 작업을 계량화해야 한다. 다음의 스크린샷은 클러스터 중심을 정의하는 흔한 두 가지 방법(센트로이드와 메디오이드)이다.

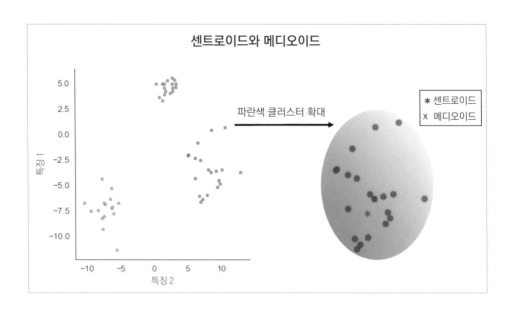

센트로이드와 메디오이드

유클리디안 공간(센트로이드)

유클리디안 공간Euclidean space에서의 숫자 데이터에 대해 클러스터의 위치를 파악하는 가장 흔한 방법은 각 데이터 포인트의 평균을 찾는 것이고, 그 평균은 전체의 중심과 대응한다. 이 포인트를 센트로이드centroid라 부른다. 센트로이드는 기하학적인 중심이고 단순한 평균 계산으로 구할 수 있다.

 유클리디안 공간과 비유클리디안 공간은 이 장의 '유사성' 절에서 다뤄지고, 그 구분은 결과 방정식에 반영된다. 일단 지금은 현재의 주제에 집중하고 센트로이드와 메디오이드에 의해 정의되는 그룹의 위치를 시각화해보라. 후자는 다음 절에서 다뤄진다.

비유클리디안 공간(메디오이드)

비유클리디안 공간에 있는 데이터의 경우는 좀 더 복잡하다. 비유클리디안 공간의 예는 문자열의 비교와 카테고리/숫자 데이터가 섞여 있는 혼합 데이터 등이다. 이 경우들에는 기하학적인 중심이 존재하지 않으므로 다른 전략을 사용해야 한다. 가장 흔한 방법은 각 클러스터마다 메디오이드^{medioid}를 사용하는 것이다. 메디오이드는 클러스터 내의 다른 데이터 포인트와 가장 가까운 데이터 포인트다. 메디오이드는 실제 데이터 포인트 중의 하나가 돼야 하고, 그 클러스터의 대푯값으로 간주될 수 있다.

 데이터 마이닝에서 메디오이드는 클러스토이드(clustoid)라고 불리기도 한다.

그러면 다음의 질문은 '다른 데이터와 가장 가까운 데이터 포인트'가 무엇인가다.

우리가 결정해야 하는 문제이며, 이를 위한 몇 가지 전략이 있다. 먼저 데이터 포인트 사이의 유사성 지표를 정해야 하고, 다음으로 어떤 것이 다른 것들과 가장 가까운지 정하기 위해 이 유사성 지표에 기반해 모든 데이터 포인트를 비교해야 한다. 다른 유사성 지표들은 다음 절에서 소개될 것이다. 다음의 질문은 어떻게 '가까운' 것을 정의하는가다. 이는 보통 다음 지표 중에서 가장 낮은 점수를 갖는 것을 의미한다.

- 클러스터에서 다른 포인트 사이의 최대 거리
- 클러스터에서 다른 모든 포인트와의 평균 거리
- 모든 다른 포인트들까지의 거리의 제곱합

 선택된 지표와 상관없이, 메디오이드를 찾는 것은 상당한 노력이 필요하다. 클러스터 내의 모든 데이터 포인트가 비교돼야 하므로, 이 기법들은 쉽게 스케일링되지 않는다. 알고리즘 설계를 공부했던 독자들을 위해 소개하면 메디오이드 계산의 스케일은 $O(n^2)$이다.

유사성

이제 공간 내에서 어떻게 그룹을 위치시킬지 알았으므로, 이제 유사한 것이 무엇인지 정의해야 한다. 이 절에서 소개된 지표들은 분석가들 사이에서 가장 흔하게 사용되는 것이다.

데이터 마이닝에서 유사성 지표는 거리 지표라고도 불린다.

유클리디안 공간

유클리디안 공간은 두뇌로 시각화할 수 있는 것이다. 이 공간에서의 위치는 표준 벡터와 좌표 그룹에 의해 설명된다. 그 결과로, 유클리디안 유사성 지표는 간단하고 이해하기 쉽다. 방정식을 공부했다면 충분히 이해할 수 있을 것이다.

유클리디안 거리

유클리디안 거리$^{Euclidean\ distance}$는 설령 기억하지 못할지라도 학교에서 이미 배운 것임은 분명하다. 피타고라스의 정리는 $x^2+y^2 = z^2$이고, 여기서 x와 y는 직삼각형에서 직각을 이루는 변의 길이이고 z는 빗변의 길이다. z를 n개의 데이터 포인트에 대해 풀면 유클리디안 거리에 대한 방정식을 얻는다. 유클리디안 거리는 두 포인트 사이의 최단 거리(일명 '까마귀가 날아가는 거리')로 알려져 있다. 그리고 L2 표준이라고도 불린다.

$$유클리디안\ 거리 = \sqrt{\sum_{i=1}^{n} \left(x_i - y_i\right)^2}$$

맨해튼 거리

맨해튼 거리$^{Manhattan\ distance}$는 '택시 지표' 혹은 '도시 블록 거리'라는 별명으로 불린다. 이 지표 자체는 두 포인트 사이의 거리이고, 주어진 그리드의 모양을 따라 이동하는 거리를 의미한다. 도시의 사거리에서 좌회전과 우회전을 여러 번 하면서 이동하는 택시 운전사를 상상하면 된다. 유클리디안 거리(까마귀의 직선 비행 거리)와 달리 뱀이 이동하는 듯한 모습이다. 맨해튼 거리는 L1 표준이라고도 불린다.

$$\text{맨해튼 거리} = \sum_{i=1}^{n} |x_i - y_i|$$

최대 거리

최대 거리^{Maximum distance}는 한눈에 이해할 수 있도록 이름이 지어졌으며, 포인트 x_i와 모든 다른 포인트 y_i 사이의 최대 거리다. 같은 클러스터 안에서 포인트 x_i가 다른 모든 포인트로부터 얼마나 멀리 떨어져 있는가를 의미한다.

$$\text{최대 거리} = max_i \left(|x_i - y_i| \right)$$

비유클리디안 공간

비유클리디안 공간에서 좌표는 의미가 없다. 시스템의 축은 휘어졌거나 분리돼 있고, 공간에서 일관적으로 매핑될 수 없다. 그래서 포인트 a와 b 사이의 거리는 매핑 후에 같을 수 없고, 의미가 없게 된다.

이 공간들 중 하나를 집에서 만들어보거나 마음속에 그려볼 수 있다.

먼저 비교를 위해 유클리디안 공간부터 시작해보자. 그래프 용지에다가 [17,9]의 점을 찍고(수평 17과 수직 9), 이어서 점 [32,15]와 연결하는 선분을 그린다. 다음으로 두 점 사이의 유클리디안 거리를 계산한다.

다음으로, 비유클리디안 공간을 만들어보자. 그래프 용지가 아닌 백지 하나를 구겨서 공 모양을 만든다. 그것을 살짝 펴고 구겨진 주름에 기반해서 용지에 [17,9]의 점을 찍는다. 구겨진 구름을 세는 것은 어려울 뿐만 아니라 수평 17은 수직 9와 제대로 연결되지도 않을 것이다. 그리고 설령 [17,9]와 [32,15]를 찾았다고 해도 그 사이의 거리는 유클리디안 거리처럼 깔끔하게 계산되지 않을 것이다. 휘어진 공간이 창조됐기 때문이다.

코사인 거리

휘어진 공간에 의한 이슈는 코사인 거리$^{\text{Cosine distance}}$로 해결될 수 있다. 코사인 거리를 계산하는 내용은 이 책의 범위를 벗어나지만, 행렬 대수를 이미 경험해봤다면 곱 연산의 정의에서 시작해 다음의 방정식을 사용할 수 있다.

$$\text{코사인 거리} = 1 - \cos(\theta)$$

재커드 거리

재커드 거리$^{\text{Jaccard distance}}$는 이 방정식이 왜 유사성 지표라고 불리는지 보여주는 좋은 예다. 폴 재커드의 비교는 두 개체에서 전체 속성 중에 공동의 속성 비율이 얼마인지를 구한다. 수학적으로 재커드 거리는 합집합과 교집합의 비율이 되고 다음과 같이 계산된다.

$$\text{재커드 거리} = 1 - \frac{X \bigcap Y}{X \bigcup Y}$$

$$\text{여기서 } \bigcap = \text{교집합}, \quad \bigcup = \text{합집합}$$

종료 조건

여러 개의 불확실한 부분이 있는 프로젝트를 시작하기 전에 종료 조건이 무엇인지 확인하는 것은 좋은 습관이다. 종료 조건은 다음 질문에 대한 답이다. "이 프로젝트가 완전히 종료되려면 무엇이 필요한가? 여기서 종료는 무엇을 의미하는가?"

여기서 선택한 클러스터링 기법의 능력하에서 정확한 숫자의 그룹화가 완료되고 정해진 숫자의 그룹이 정의됐을 때(예를 들어 위치, 크기, 모양) 프로젝트가 완료됐다고 할 수 있다.

 클러스터링에서 종료는 정확한 숫자의 잘 정의된 클러스터가 발견됐음을 의미한다.

알려진 숫자의 그룹인 경우

종종 그룹의 숫자를 찾는 것은 문제의 정의가 종료 조건을 가져다주므로 쉬울 때가 있다. 예를 들어 다섯 명의 대화를 녹음한 샘플에서 목소리를 그룹화하는 경우, 다섯 명이 이야기하는 것은 이미 알려져 있다. 이 경우 목표는 다섯 개의 그룹을 찾는 것이다. 데이터 마이닝에서 이런 그룹을 'k개의 그룹'이라고 부른다. 이 그룹의 평균은 센트로이드에 의해 기술된 클러스터의 위치이고, 이 기법은 K-평균 알고리즘이라 불린다. 정확한 k의 개수가 알려졌으면, 종료 조건은 적절한 품질 점수의 수렴에 집중하게 된다. 수렴은 추가적인 적합이 품질을 더 이상 향상시키지 않는 것이므로 더 이상 계속할 필요가 없게 된다.

알려지지 않은 숫자의 그룹인 경우

k의 값이 항상 사전에 알려져 있는 것은 아니다. 이 경우의 가장 흔한 접근은 다음으로 생성되는 클러스터가 좋지 않은 클러스터로 판명될 때까지만 클러스터를 생성하는 수학적 루틴을 만드는 것이다. 이 접근은 문제에서 중요한 것에 기반해 클러스터 품질을 정의하고 이 클러스터들은 품질 점수가 급격히 떨어질 때, 즉, 종료 조건에 이를 때까지 클러스터를 생성하는 것이다.

품질 점수와 실루엣 점수

분석가들은 지름, 반지름, 밀도 계산을 품질 지표의 입력으로 사용한다. 클러스터 내에서 모든 포인트의 전체 거리는 응집cohesion이라 부르고, 클러스터 사이의 전체 거리는 분리separation라 부른다. 가장 인기 있는 품질 점수는 실루엣 계수라 부르고 응집과 분리의 균형을 의미한다. 포인트 i에 대해 a가 클러스터 안에서 다른 모든 포인트에 대한 평균 거리이고 b가 가장 가까운 이웃 클러스트에 대한 평균 거리라면, 실루엣 계수는 다음과 같이 정의된다.

$$S_i = \frac{(b_i - a_i)}{max(a_i, b_i)}$$

여기서 *max(a,b)*는 *a*와 *b* 값 중에서 더 큰 값을 취하는 것을 의미한다. 클러스터 품질에 대한 유용한 요약 점수는 모든 포인트에 대한 평균 실루엣 점수^{silhouette score}다. *n*개의 포인트에 대해 실루엣 점수는 다음과 같이 정의된다.

$$실루엣\ 점수 = mean(S_n)$$

실루엣 점수는 −1에서 1 사이이고 더 큰 점수는 더 나은 클러스터 품질을 의미한다. 아래 스크린샷을 통해 실루엣 점수가 어떻게 클러스터 품질을 의미하는지에 대한 인사이트를 얻을 수 있다. 왼쪽은 안 좋은 품질이고, 오른쪽은 좋은 품질이다.

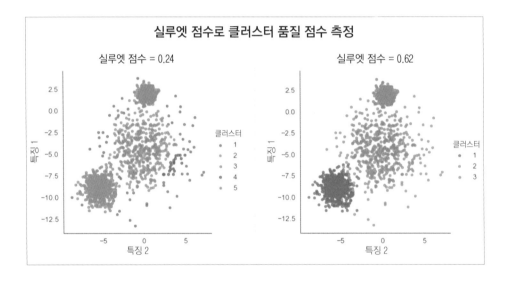

scikit-learn은 각 데이터 포인트의 계수를 찾기 위한 내장된 silhouette_samples 함수를 갖고 있으며, 전체 데이터에 걸쳐 평균 점수를 구하기 위한 silhouette_score 함수도 있다. 코드 예제는 다음과 같다.

```
from sklearn import metrics
S_i = metrics.silhouette_samples(X, cluster_labels)
S = metrics.silhouette_score(X, cluster_labels)
```

128

클러스터링 기법들

scikit-learn에 있는 클러스터링 기법들은 멋진 동일한 사용법을 가지고 있으며 모든 알고리즘에 걸쳐 다음의 의사 코드와 잘 맞는다.

```
### 이것은 의사 코드이므로 수행되지 않는다 ###
# import module and instantiate method object
from sklearn.cluster import Method
clus = Method(args*)

# 입력 데이터에 적합시키기
clus.fit(X_input)

# X_input의 클러스터 할당
X_assigned = clus.labels_
```

이 장의 나머지 부분에서는 데이터 클러스터링에 사용되는 흔한 몇몇 기법들을 다룰 것이다. 다음은 다른 클러스터링 기법들이 어떻게 데이터를 그룹에 할당하는지 비교하는 플롯들이다.

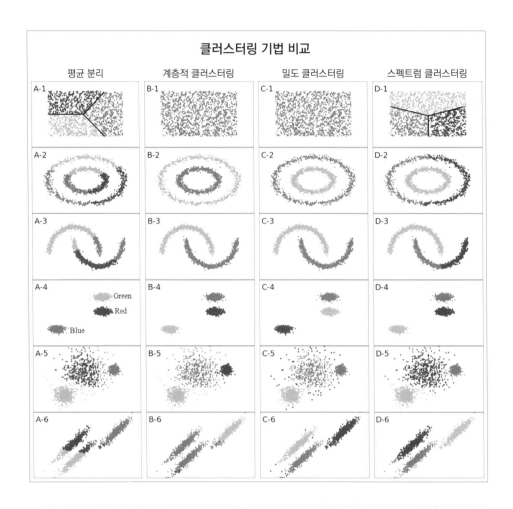

클러스터링 기법 비교

| 평균 분리 | 계층적 클러스터링 | 밀도 클러스터링 | 스펙트럼 클러스터링 |

 TIP 앞의 '클러스터링 기법 비교' 스크린샷을 잘 살펴보고 다음 절로 넘어가기 전에 어떤 트렌드나 패턴을 파악할 수 있는지 알아보라. 목표는 인지한 패턴이 이 장의 나중에 나오는 내용과 일 치하는지를 알아보는 것이다. 이런 접근은 인사이트를 더 빨리 얻을 수 있도록 도와줄 것이다.

클러스터링의 예에 대한 모의 데이터를 생성하는 함수를 만들어보자. 이 함수를 호출하고 그 결과를 이 장의 나머지 부분에 나오는 코드를 생성하기 위해 사용할 수 있다.

```
# scikit-learn으로부터 데이터 모듈 임포트하기
from sklearn import datasets

# 클러스터링 예제를 위한 데이터를 생성하는 함수
def make_blobs():
    # 예시를 위한 방울 생성
    n_samples = 1500
    blobs = datasets.make_blobs(n_samples=n_samples,
                                centers=5,
                                cluster_std=[3.0, 0.9, 1.9, 1.9, 1.3],
                                random_state=51)
    # 데이터를 위한 pandas 데이터프레임 생성
    df = pd.DataFrame(blobs[0], columns=['Feature_1', 'Feature_2'])
    df.index.name = 'record'
    return df

df = make_blobs()
print(df.head())

# 방울 데이터의 스캐터 플롯
sns.lmplot(x='Feature_2', y='Feature_1',
           data=df, fit_reg=False)
```

이 코드를 수행한 결과는 다음과 같다.

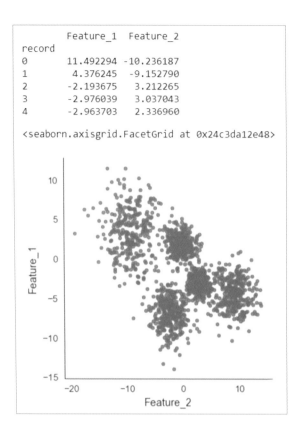

```
        Feature_1   Feature_2
record
0       11.492294   -10.236187
1        4.376245    -9.152790
2       -2.193675     3.212265
3       -2.976039     3.037043
4       -2.963703     2.336960

<seaborn.axisgrid.FacetGrid at 0x24c3da12e48>
```

평균 분리

클러스터링을 위한 한 가지 방법은 센트로이드에 따라 그룹을 나누고 수렴할 때까지 그들을 이동시키는 것이다. 이렇게 간단하다! 하지만 이 기법을 사용하기 위해서는 클러스터의 숫자(k)를 미리 알아야 한다. 즉, 알고리즘에 클러스터를 몇 개로 할 것인지 지정해줘야 한다. 그렇지 않으면 작동하지 않는다.

K-평균

평균 분리의 기본 기법은 K-평균 클러스터링K-means clustering이라고 부르며, 데이터 마이닝에서 가장 간단하고 널리 사용되는 기법이다. 이 기법의 변종 및 개량종들은 점점 많아지고 있지만, 핵심적으로는 다음의 네 단계다.

1. 입력 데이터 포인트에서 랜덤으로 k개의 초기 클러스터 중심을 고른다.
2. 모든 데이터 포인트를 가장 가까운 클러스터에 할당한다.
3. k개의 센트로이드를 새롭게 생성된 클러스터 안의 중심으로 이동시킨다.
4. k개의 클러스터가 더 이상 향상되지 않을 때까지(즉, 수렴할 때까지) 반복한다.

이 기법은 위치를 정의하기 위해 센트로이드를 사용하고, 유클리디안 거리를 유사성 지표로 사용하고, 응집을 품질 점수로 사용한다. 종료는 품질 점수가 수렴할 때, 즉, 변화가 허용 오차tolerance 이내로 측정될 때 일어난다. K-평균++K-means++와 미니 배치 변종은 이 절에서 나중에 소개된다.

'클러스터링 기법 비교' 스크린샷으로부터 알아냈어야 하는 것: K-평균 적합 알고리즘은 클러스터를 구형 모양으로 간주한다. 즉, 이 알고리즘은 분포의 가우시안 감소를 의미한다. 이 가정이 성립하지 않으면 분석이 어려워진다. 그림의 A-2와 A-3에서 파란 클러스터를 보라. 파란 클러스터는 녹색 혹은 적색으로 돼야 하는 부분으로 흘러들어간다. 적합은 센트로이드로부터 나오는 2차원 원에 의해 그룹화하기 때문이다. 여기서 파란색으로 할당된 데이터 포인트 사이에 큰 갭이 있는 것을 보라. K-평균에 밀도 혹은 연결 요소가 있었다면, 파란색 할당은 이런 갭을 보여주지 않았을 것이다. 갭에서 밀도는 0이 되고 연결된 것으로 간주될 만큼 가까운 데이터 포인트도 없기 때문이다. 이것은 이 장에서 나중에 소개할 밀도 클러스터링과 스펙트럼 클러스터링spectral clustering의 개발에 대한 주요 동기가 된다.

클러스터 객체에 대한 옵션: K-평균 클러스터 객체를 초기화할 때는 허용 오차를 tol 옵션을 사용해 설정하라. 많은 횟수의 적합 수행에도 허용 오차에 도달하지 않으면 max_iter

를 사용해서 강제 종료할 수 있다.

scikit-learn에서 K-평균을 적용하는 예는 다음 코드에 나와 있다.

```
# 방울 예제 데이터 생성
df = make_blobs()

# 모듈 임포트와 K-평균 객체 생성
from sklearn.cluster import KMeans
clus = KMeans(n_clusters=5, tol=0.004, max_iter=300)

# 입력 데이터에 적합
clus.fit(df)

# 입력 데이터 클러스터 할당과 처음 다섯 개 레이블 출력
df['K-means Cluster Labels'] = clus.labels_
print(df['K-means Cluster Labels'][:5].tolist())
```

이 코드를 수행한 결과는 다음과 같다.

```
[3, 3, 1, 1, 1]
```

이제 클러스터 레이블이 표시된 그룹을 시각화하기 위해 seaborn의 스캐터 플롯을 사용하자.

```
sns.lmplot(x='Feature_2', y='Feature_1',
           hue="K-means Cluster Labels", data=df, fit_reg=False)
```

이 코드를 수행한 결과는 다음과 같다.

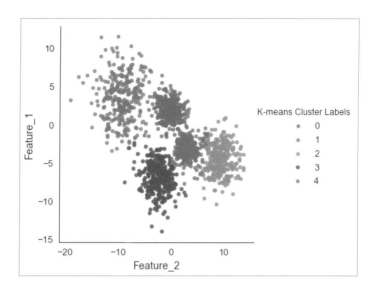

k 값 찾기

물론 많은 데이터 마이닝 문제에서 k의 값은 알려져 있지 않다. k 값을 찾는 가장 흔한 방법은 적절한 품질 점수를 선택하고 (문제에 잘 맞는) 가장 좋은 점수를 찾기 위해 k의 다른 값들을 적합해보는 것이다. 나의 경우에는 기본으로 실루엣 점수를 자주 사용한다. k의 값을 찾는 코드를 살펴보자.

```
# 방울 예제 데이터 생성
df = make_blobs()
# 실루엣 점수를 사용해서 최상의 k 값 선정
# metrics 모듈 임포트
from sklearn import metrics

# 테스트를 위해 k 값의 리스트를 생성하고 for loop 사용
n_clusters = [2,3,4,5,6,7,8]
for k in n_clusters:
    kmeans = KMeans(n_clusters=k, random_state=42).fit(df)
    cluster_labels = kmeans.predict(df)
    S = metrics.silhouette_score(df, cluster_labels)
    print("n_clusters = {:d}, silhouette score {:1f}".format(k, S))
```

이 코드를 수행한 결과는 다음과 같다.

```
n_clusters = 2, silhouette score 0.442473
n_clusters = 3, silhouette score 0.442798
n_clusters = 4, silhouette score 0.513624
n_clusters = 5, silhouette score 0.547875
n_clusters = 6, silhouette score 0.524818
n_clusters = 7, silhouette score 0.523139
n_clusters = 8, silhouette score 0.486676
```

여기서 $k=5$가 가장 좋은 선택으로 보인다. 이것은 데이터가 원래 다섯 개의 부분으로 돼 있었으므로 말이 된다. 실루엣 점수는 K-평균 알고리즘이 선택된 다섯 개의 클러스터와 적합될 때 가장 높다.

 데이터가 방대하면, k의 값을 찾기 위해 데이터의 일부만 적합할 수 있다. 이렇게 하면 적합을 찾기 위한 시간을 절약해줌으로써 더 많은 k 값을 시도해볼 수 있다.

K-평균++

이전의 알고리즘 설명에 대한 복습으로, K-평균의 첫 단계는 클러스터 중심을 랜덤으로 선택하는 것이다.

1. 입력 데이터 포인트에서 랜덤으로 k개의 초기 클러스터 중심을 고른다.
2. 모든 데이터 포인트를 가장 가까운 클러스터에 할당한다.
3. k개의 센트로이드를 새롭게 생성된 클러스터 안의 중심으로 이동시킨다.
4. k개의 클러스터가 더 이상 향상되지 않을 때까지(즉, 수렴할 때까지) 반복한다.

이 단계의 '랜덤' 부분은 특히 방대한 데이터의 경우 긴 적합 시간을 유발할 수 있다. 추가적으로, K-평균 알고리즘은 완전히 확정적이지 않고 글로벌 최솟값 대신에 로컬 최솟값에 수렴할 가능성도 있다. 랜덤 초기화 전략의 이 두 가지 단점은 K-평균++ [K-means++] 기법을 개발하는 동기가 됐다. 이 기법은 초기 클러스터 중심을 선택하는 좀 더 효율적인 방법을 제공한다. 효율적인 클러스터 초기화 전략을 제외하면 나머지 적합 단계들은 동일하다. K-평균++ 전략은 클러스터들이 멀리 떨어져 있다는 가정하에 초기 클러스터 중심을 멀리 떨어져 있게 만든다(클러스터 내의 데이터 포인트들은 서로 가깝게 하면서). scikit-learn은 이전에 소개된 KMeans 객체의 옵션을 통해 K-평균++를 사용하기 쉽게 한다. init = 'k-means++'를 전달하고 다음의 코드처럼 수행하라.

```
# K-평균 init 기법을 사용해서 K-평균 객체 초기화
clus = KMeans(n_clusters=5, init='k-means++',
              tol=0.004, max_iter=300)
```

미니 배치 K-평균

기본 K-평균 기법은 모든 적합 반복에서 모든 데이터를 사용하므로, 방대한 데이터의 경우 상당한 양의 컴퓨팅 자원을 사용하게 되고 오래 걸린다. 이 문제를 해결하는 방법은 랜덤으로 선택된 작은 배치batch들을 적합시키고 각 반복마다 새로운 미니 배치를 선택해 수렴할 때까지 수행하는 것이다. 이 방법은 적합 시간을 상당히 단축시킬 수 있지만, 글로벌 최솟값이 아닌 로컬 최솟값에 수렴할 위험도 있다는 것을 명심하라. 다음의 코드는 scikit-learn에서 batch_size 옵션을 사용해 K-평균의 배치 버전을 수행하는 법을 보여준다.

```
# 모듈 임포트와 K-평균 미니 배치 객체 초기화
from sklearn.cluster import MiniBatchKMeans
clus = MiniBatchKMeans(n_clusters=5, batch_size=50,
                       tol=0.004, max_iter=300)
```

계층적 클러스터링

계층적 클러스터링의 목표는 계층적인 방법으로 비슷한 클러스터를 합치는 것이므로, 클러스터의 숫자는 어느 정도 수준의 계층이 문제에 적당한지에 따라 달라진다. 계층적인 방법으로 연결된 클러스터의 플롯은 덴드로그램dendrogram이라 불린다. 덴드로그램은 거리 지표(y축)와 데이터 포인트 기록(x축)으로 이뤄진다. 그룹은 계층적으로 연결된 그래프에서 이뤄지므로, 클러스터의 개수는 y축을 따라 위아래로 움직이면서 선택된다.

아래 덴드로그램에서 점선은 계층의 다른 수준을 가리킨다. 가장 높은 거리는 단일 클러스터가 되고, 가장 낮은 것은 모든 데이터 포인트가 클러스터가 된다. 물론 이 둘 다 유용하지 않은 계층이고, 정답은 둘 사이에 존재한다.

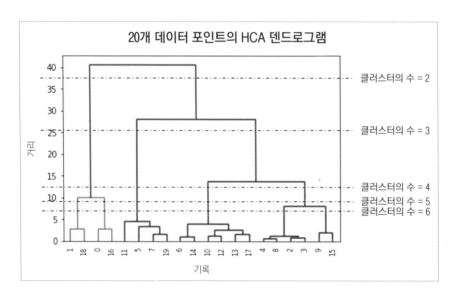

덴드로그램을 생성하는 첫 단계는 거리 행렬이라 부르는 행렬을 만드는 것이다. 거리 행렬의 원소는 다음과 같다.

$$D = \begin{pmatrix} l_{11} & l_{12} & \ldots & l_{1n} \\ l_{21} & l_{22} & \ldots & l_{2n} \\ \cdot & \cdot & \ldots & \cdot \\ \cdot & \cdot & \ldots & \cdot \\ \cdot & \cdot & \ldots & \cdot \\ l_{n1} & l_{n2} & \ldots & l_{nn} \end{pmatrix}$$

이 행렬에 대한 좀 더 적절한 이름은 연결 행렬이다. 행렬의 각 셀을 채우는 값은 쌍의 거리, 즉, 연결^{linkage}로부터 오기 때문이다. 연결은 전통적인 유사성 지표에 기반한다. 연결을 찾기 위해 이전에 언급된 어떤 유클리디안 거리 지표도 사용할 수 있다. 연결은 합쳐질 후보 클러스터를 비교하는 쌍의 지표가 된다. 연결 지표는 덴드로그램에서 y축이고, 낮은 값은 좀 더 비슷한 클러스터에 대응한다.

계층적 클러스터링의 목표는 계층적인 방법으로 비슷한 클러스터를 결합하는 것임을 명심하라. 그러므로 가능한 모든 클러스터를 결합 후보로 고려한다면, 가장 낮은 쌍의 연결을 갖는 두 클러스터가 결합하게 될 것이다. 인기 있는 결합 전략은 아래와 같다. [A]와 [B]는 전체 후보 중에서 임의의 클러스터를 의미한다.

- **단일 연결**: 클러스터 [A]와 [B]에서 어느 두 포인트 사이의 최소 거리
- **완전 연결**: 클러스터 [A]와 [B]에서 어느 두 포인트 사이의 최대 거리
- **평균 연결**: 클러스터 [A]와 [B] 내의 모든 포인트 사이의 쌍 거리의 평균
- **워드 연결**: 결합된 클러스터 [AB] 내의 모든 원소의 결과적 이득

제곱 오류의 합$^{sum\ squared\ error}$(SSE)은 각 포인트에서 새롭게 생성된 센트로이드까지의 유클리디안 거리의 제곱합으로 정의된다. 그러므로 워드 연결$^{Ward's\ linkage}$은 클러스터 내 포인트들에 얼마나 분산이 있는지를 측정함으로써 각 클러스터를 점수화하게 된다.

계층적 클러스터링 분석 알고리즘(HCA)은 다른 두 가지 방법으로 쓰여질 수 있다. 첫 번째는 응집적인 방법이며, 모든 데이터 포인트가 각각의 클러스터이고 결합을 해나가면서

단일 클러스터 계층까지 올라간다. 두 번째 방법은 나눠지는 방법이며, 단일 클러스터에 있는 모든 데이터 포인트부터 시작해서 반대 방향으로 내려간다. 데이터 마이닝에서는 응집적 방법이 훨씬 자주 쓰인다.

'클러스터링 기법 비교' 스크린샷으로부터 알아냈어야 하는 것: 평균 분리와는 달리, 계층적 클러스터링은 모든 다양한 데이터의 모양에 대해 잘 클러스터링할 수 있다. 구조화되지 않은 B-1 데이터는 전체 공간을 채우는 랜덤 데이터 포인트로 구성돼 있고 아무런 모양도 없다. 비구조화된 데이터에서 각 클러스터 알고리즘의 행동을 연구하는 것은 어떻게 적합 루틴이 데이터를 탐험해나가는지에 대한 인사이트를 얻을 수 있기 때문에 유용하다. 비구조화된 데이터를 야생에서 적합 루틴을 적용하는 것으로 생각해보라. 계층적 클러스터링은 단일 클러스터에서 시작해 클러스터를 나눠가기 때문에(혹은 반대 방향), B-1에 있는 모든 데이터는 단일 클러스터에 할당되고 거기에 머무른다. 알고리즘이 그 데이터를 이동시킬 이유가 없기 때문이다. scikit-learn은 n_cluster를 입력으로 처리하는 HCA의 버전을 사용하므로 강제로 몇몇 데이터 포인트를 두 번째 혹은 세 번째의 클러스터에 할당해야 하지만, 그것 외에는 전체 적합 루틴에서 모든 데이터가 첫 번째 클러스터에 머무른다.

클러스터 객체의 주요 옵션: linkage 옵션을 사용해 연결 전략을 설정하고, affinity 옵션을 사용해 연결에 쓰일 유사성 지표를 설정할 수 있다.

scikit-learn에서 HCA를 적용하는 예는 다음 코드에 나와 있다.

```
# 방울 예제 데이터 생성
df = make_blobs()

# 모듈 임포트와 HCA 객체 초기화
from sklearn.cluster import AgglomerativeClustering
clus = AgglomerativeClustering(n_clusters=5,
                               affinity='euclidean', linkage='ward')

# 입력 데이터에 대한 적합
clus.fit(df)
```

```
# 클러스터 할당
df['HCA Cluster Labels'] = clus.labels_

sns.lmplot(x='Feature_2', y='Feature_1',
            hue="HCA Cluster Labels", data=df, fit_reg=False)
```

이 코드를 수행한 결과는 다음과 같다.

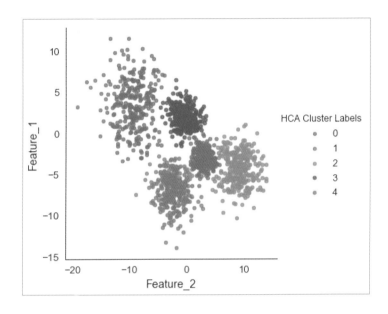

클러스터의 숫자를 찾기 위해 덴드로그램 재사용하기

분석하는 동안 덴드로그램은 한 번만 생성하면 된다. 알고리즘에 사용된 계층의 수를 거리 컷오프^distance cutoff(덴드로그램에서 점선)를 아래위로 움직임으로써 변경할 수 있다. 계층의 수는 클러스터의 수를 조정하므로, 클러스터의 수를 클러스터링의 품질을 조정하기 위해 사용할 수 있다. HCA 알고리즘은 $O(n^3)$으로 스케일링이 매우 나쁘다. 이는 입력 데이터 포인트 숫자의 세제곱으로 적합에 필요한 시간이 증가함을 의미한다. 이 불운한 시간 복잡성은 덴드로그램의 구조와 관련되므로, 클러스터의 숫자 튜닝을 할 때는 다음 수행을 위해 덴드로그램을 저장하는 것이 좋다. 덴드로그램을 재사용하는 것은 다음번의 적합을 아주 빠른 시간에 할 수 있게 해준다. 데이터 마이닝의 다른 측면과 마찬가지로, scikit-learn은 적합을 쉽게 하는 내장된 기법을 제공한다. memory = "dir_to_store"와 compute_full_tree = True 옵션을 사용해서 적합 과정 동안에 지름길이 없이 전체 덴드로그램이 계산되고 지정한 디렉터리에 저장되게 할 수 있다. 다음은 덴드로그램을 재사용하고 여러 번 적합시키는 코드의 예다.

```python
# 실루엣 점수를 사용해 클러스터의 최적 값 구하기
# metrics 모듈 임포트
from sklearn import metrics

# 방울 예제 데이터 생성
df = make_blobs()

# 모듈 임포트와 HCA 객체 초기화
from sklearn.cluster import AgglomerativeClustering

# 테스트할 k 값의 리스트 생성과 for loop의 사용
n_clusters = [2,3,4,5,6,7,8]
for num in n_clusters:
    HCA = AgglomerativeClustering(n_clusters=num,
                                  affinity='euclidean', linkage='ward',
                                  memory='./model_storage/dendrogram',
                                  compute_full_tree=True)
    cluster_labels= HCA.fit_predict(df)
    S = metrics.silhouette_score(df, cluster_labels)
    print("n_clusters = {:d}, silhouette score {:1f}".format(num, S))
```

이 코드를 수행한 결과는 다음과 같다.

```
n_clusters = 2, silhouette score 0.491869
n_clusters = 3, silhouette score 0.445017
n_clusters = 4, silhouette score 0.514050
n_clusters = 5, silhouette score 0.540089
n_clusters = 6, silhouette score 0.512037
n_clusters = 7, silhouette score 0.506730
```

```
n_clusters = 8, silhouette score 0.476728
```

5가 클러스터의 최적 숫자로 보여지는 것은 놀랍지 않다.

덴드로그램 그리기

이 장에서 보여진 덴드로그램을 재생성하려면 scipy 모듈을 사용해야 한다. scikit-learn 과 seaborn은 이 루틴을 지원하는 좋은 솔루션이 아직 없다. 다음은 플롯을 그리기 위해 사용해야 하는 코드다.

```
# scipy 모듈 임포트
from scipy.cluster import hierarchy

# 방울 예제 데이터 생성
df = make_blobs()

# 각 샘플 사이의 거리 계산
Z = hierarchy.linkage(df, 'ward')

# 커스텀 나뭇잎 플롯(플롯을 보려면 콘솔에서 스크롤 다운)
hierarchy.dendrogram(Z, leaf_rotation=90, leaf_font_size=8,
labels=df.index)
```

밀도 클러스터링

유사성을 데이터 포인트 사이의 유일한 거리 지표로 삼는 대신, 밀도 클러스터링은 이 포인트에 의해 커버되는 공간을 추가 지표로 삼는다. 학교에서 밀도는 단위 면적당 포인트의 개수라고 배웠을 것이다. 밀도 클러스터링에서는 주어진 공간에서 포인트의 개수를 사용한다. 그 결과로, 밀도 클러스터링은 잡음을 제거하는 데 효과적이다. 즉, 데이터의 밀집도가 높은 영역 밖의 이상치를 제거하기 쉽다. 이 클러스터링 기법은 적합 루틴을 수행하기 전에 클러스터의 개수를 정할 필요가 없다.

가장 인기 있는 밀도 클러스터링 알고리즘은 DBSCAN이고, 클러스터 안에서 데이터 포인트만 포함하도록 밀도의 정의를 제한하기 위해 응집 개념을 사용한다. 데이터 마이닝 전문가들이 이 개념을 '포인트의 로컬 밀도'라고 부르는 것을 종종 듣게 될 것이다. 유사성 지표로는 유클리디안 거리가 사용되고, 밀도 지표로는 클러스터 내 포인트의 수를 클러스터의 반지름(ε)으로 나눈 것이 사용된다. 더 나은 스케일링을 위해 ε의 제곱이나 세제곱이 사용될 수도 있다.

DBSCAN 적합 루틴은 분석가로부터의 입력에서 시작된다. 먼저 ε의 값을 정의한다. 다음으로, 이웃으로서 ε에 의해 커버될 공간을 고려한다. 그다음에는 잡음으로 고려되지 않게 하기 위해 같은 이웃에 위치하게 될 최소의 다른 데이터 포인트의 수(min_samples)를 정한다. 이 알고리즘은 이러한 입력을 이용해 다음의 레이블로 각 데이터 포인트를 할당한다.

- **코어 포인트**: 이웃 안에 min_samples 이상 있는 경우
- **경계 포인트**: min_samples 요구 사항에는 미치지 못하지만, 코어 포인트의 이웃에 있는 경우
- **잡음 포인트**: 코어 포인트 혹은 경계 포인트가 아닌 경우

다음으로, 알고리즘은 서로의 이웃 안에 있는 코어 포인트를 결합함으로써 마무리된다. 이 결합된 코어 포인트들은 최종 클러스터가 된다. 클러스터의 이웃 안에 있는 경계 포인트들은 그 클러스터에 할당된다. 잡음 포인트들은 클러스터에 할당되지 않는다(scikit-learn에서는 '−1' 값을 갖게 된다).

'클러스터링 기법 비교' 스크린샷으로부터 알아냈어야 하는 것: 이전에 나왔던 평균 분리 기법은 유사성을 클러스터 내 포인트 간의 거리로 정의하고, 적합 프로세스 과정에서 구형의 클러스터를 확대하거나 축소한다. '클러스터링 기법 비교' 스크린샷의 A−3에서 보여지는 것처럼, 이 기법은 실제 데이터가 구형이 아니거나 한 클러스터 내의 포인트가 그 클러스터 내의 센트로이드보다 다른 클러스터의 포인트와 더 가까울 때는 잘못된 클러스터 할당을 할 수 있다. 밀도 클러스터링은 C−3에서 보듯이 이런 모양의 데이터에 대해 더 잘

대처한다. 그리고 이 알고리즘이 어떻게 세 번째 클러스터를 찾는 데 실패하는지를 C-5에서 잘 살펴보라. 선택한 이웃의 사이즈가 너무 커서 두 부분이 합쳐졌기 때문이다. 하지만 중간 클러스터 주변의 검은 점들에서 보듯이 잡음을 제거하는 데는 성공했다. 이 검은 점들은 scikit-learn에서 '-1' 레이블을 할당한 것이다. 마지막으로, C-1에서 DBSCAN이 비구조화된 데이터를 어떻게 다루는지 보라. 그곳에는 밀도가 낮은 영역이 없으므로, 알고리즘은 단일 클러스터를 찾고 모든 포인트를 그 클러스터에 할당했다.

클러스터 객체에 대한 중요한 옵션들: ε에 대한 값으로 eps를 사용하고, 이전의 알고리즘 설명대로 min_samples를 사용하라. 유사성 지표로는 metric을 선택할 수 있다.

scikit-learn에서 DBSCAN을 적용하는 코드는 다음과 같다.

```
# 방울 예제 데이터 생성
df = make_blobs()

# 모듈 임포트와 DBSCAN 객체 초기화
from sklearn.cluster import DBSCAN
clus = DBSCAN(eps=0.9, min_samples=5, metric='euclidean')
# 입력 데이터에 적합
clus.fit(df)

# 클러스터 할당
df['DBSCAN Cluster Labels'] = clus.labels_

sns.lmplot(x='Feature_2', y='Feature_1',
           hue="DBSCAN Cluster Labels", data=df, fit_reg=False)
```

이 코드를 수행한 결과는 다음과 같다.

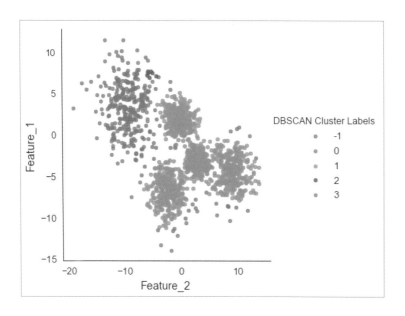

이 그림에서 얼마나 밀도 클러스터링이 구형에 가깝고 변두리에서 중첩되는 클러스터를 찾는 데 어려움을 겪는지 살펴보라. 그에 따르는 어려움은 모의 데이터를 클러스터링하는 데 가장 좋은 방법이 아니라는 것을 보여준다. 기본적인 K-평균 클러스터링이 이 경우에는 더 나은 선택이다. DBSCAN이 모든 클러스터를 찾는 데는 실패했지만, 잡음 포인트를 인지하는 데는 성공했다. 이전의 결과 플롯에서는 그들에게 '-1'의 레이블이 붙여졌다. 이는 데이터 마이닝 기법에서 바람직한 성질이므로, 실제 문제로 작업할 때 이러한 점을 명심하라.

스펙트럼 클러스터링

스펙트럼 클러스터링은 클러스터를 구성하는 노드의 연결성에 기반해서 연결 그래프를 생성하고 데이터 포인트를 그룹화한다. 밀도 클러스터링과 달리, 적합 과정에서 클러스터의 수를 알아야 한다. 이에 대한 자세한 내용은 이 책의 범위를 벗어나지만, 다음과 같이 간단히 요약할 수 있다.

유사성 행렬은 각 데이터 포인트와 나머지 포인트 간의 관련성을 비교한다. 다음으로는 이전에 소개됐던 주요 요소 분석(PCA)과 비슷하게, 고유벡터를 찾고, 데이터는 새로운 관련성 공간으로 변환된다. 마지막으로, K−평균과 같은 전통적인 클러스터링 알고리즘이 관련성 공간에서 클러스터링을 위해 사용된다.

유사성 행렬은 아래와 같고, 테이블의 각 원소는 쌍의 관련성 값(a_{ij})으로 채워진다. 이 유사성 행렬의 다른 이름은 관련성 행렬이지만, 데이터 마이닝 전문가들 사이에서는 이 이름이 그다지 인기를 얻지 못했다.

$$
A = \begin{pmatrix}
a_{11} & a_{12} & \ldots & a_{1n} \\
a_{21} & a_{22} & \ldots & a_{2n} \\
\cdot & \cdot & \ldots & \cdot \\
\cdot & \cdot & \ldots & \cdot \\
\cdot & \cdot & \ldots & \cdot \\
a_{n1} & a_{n2} & \ldots & a_{nn}
\end{pmatrix}
$$

쌍의 유사성을 제공하는 어떤 지표든지 관련성을 계산하기 위해 사용될 수 있다. 나는 최근접 이웃 알고리즘을 추천한다. 이 알고리즘이 조정할 수 있는 자연스러운 초매개변수를 제공하기 때문이며, 그 초매개변수는 검색에서 고려되는 이웃의 수(n_neighbors)다.

 얼핏 보면, 계층적 클러스터링과 스펙트럼 클러스터링은 데이터의 상관관계 행렬을 정의하는 비슷한 접근 방식을 가진 것처럼 보인다. 하지만 이 둘은 상당히 다르다. 계층적 클러스터링은 연결 거리에 의해 생성되는 연결 행렬을 생성하고 그 거리에 기반해서 클러스터링을 한다. 스펙트럼 클러스터링은 관련성 지표를 가지고 관련성 행렬을 생성한다. 다음으로 관련성 지표를 사용해서 클러스터링을 하는 대신, 클러스터링 이전에 저차원 고유벡터 공간으로 행렬을 변환시킨다.

'클러스터링 기법 비교' 스크린샷으로부터 알아냈어야 하는 것: 계층적 클러스터링과 마찬가지로, 스펙트럼 클러스터링은 데이터의 다양한 모양에 대해 잘 작동한다. 비구조화된 데이터를 가리키는 D-1을 보자. 스펙트럼 클러스터링은 모든 데이터 포인트 사이의 연결을 찾고 K-평균 클러스터링 알고리즘으로 마무리되므로, 비구조화된 데이터에서의 행동은 평균 분리와 비슷하다. 이는 계층적 클러스터링의 행동과 차별화되는 점이다.

클러스터 객체에 대한 주요 옵션: affinity와 n_neighbor 옵션을 가지고 관련성과 이웃의 개수(필요한 경우)를 정한다. 다음으로 assign_labels를 가지고 클러스터링 알고리즘을 선택하며, 선택적으로 K-평균 알고리즘을 한 번 이상 수행하기 위해 n_init 옵션을 사용하고 최선의 적합을 택한다.

scikit-learn에서 스펙트럼 클러스터링을 적용하는 예는 다음의 코드를 참고하라.

```python
# 방울 예제 데이터 생성
df = make_blobs()

# 모듈 임포트와 스펙트럼 클러스터링 객체 초기화
from sklearn.cluster import SpectralClustering
clus = SpectralClustering(n_clusters=5, random_state=42,
                          assign_labels='kmeans', n_init=10,
                          affinity='nearest_neighbors', n_neighbors=10)

# 입력 데이터에 적합
clus.fit(df)

# 클러스터 할당
df['Spectral Cluster Labels'] = clus.labels_

sns.lmplot(x='Feature_2', y='Feature_1',
           hue="Spectral Cluster Labels", data=df, fit_reg=False)
```

이 코드를 수행한 결과는 다음과 같다.

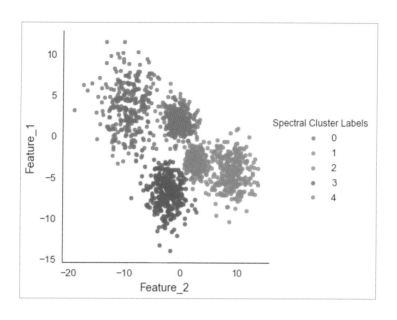

▎ 요약

5장에서는 데이터 마이닝에서 클러스터링 알고리즘을 설계할 때 참고할 만한 배경 지식과 사고 과정을 다뤘다. 다음으로는 실무에서 많이 사용되는 흔한 클러스터링 기법들과 그들 사이의 비교를 모의 데이터를 이용해 설명했다. 이 장을 읽고 나면 평균 분리, 밀도, 연결성에 기반한 클러스터 알고리즘의 차이를 이해할 수 있을 것이다. 데이터 플롯을 보고 클러스터링이 자신의 데이터 마이닝 프로젝트에 어울리는지에 대한 어느 정도의 인사이트를 가질 수도 있다. 추가적으로, 어느 기법을 먼저 시도하는 것이 좋은지 판단하는 감각도 익힐 수 있다.

6장에서는 흔한 예측과 분류 기법을 다루고 손실 함수, 기울기 하강, 교차 검증도 다룬다.

6

회귀와 분류를 이용한 예측

6장은 예측 모델링의 기초를 다루고 수학적 시스템, 예측 모델의 형태, 튜닝 전략과 관련된 내용들을 포함한다. 많은 독자들에게 예측은 최종적 목표이므로 이 주제를 이해하는 것은 그 자체로 중요한 영역이다. 6장을 예측 학습의 기초와 시작점으로 삼길 바란다.

6장에서는 다음 주제들을 다룬다.

- 손실 함수와 기울기 하강을 포함한 수학적 도구
- 선형 회귀와 페널티
- 로지스틱 회귀
- 랜덤 포레스트를 포함한 트리 기반 분류
- 서포트 벡터 머신
- 교차 검증과 초매개변수 선택을 포함한 튜닝 기법

▌ scikit-learn 추정기 API

scikit-learn이 이렇게 인기 있는 이유 중 하나는 사용하기 쉽다는 것이다. 파이썬 라이브러리에 이렇게 잘 설계되고 여러 기법과 루틴에 걸쳐 널리 사용되는 API는 별로 없다. 이 장에서는 추정기 API를 다룬다. 이 API는 아주 간단하고, 사용법을 이해하면 이 책에 나오는 회귀와 분류 추정기를 쉽게 사용할 수 있다. 이 API들이 모두 같은 방법으로 작동하기 때문이다(즉, 모두 추정기 API를 사용한다).

사용 단계는 다음과 같다.

1. 모듈을 임포트한다.
2. 추정 객체를 초기화한다(아래 다이어그램에서 회귀 혹은 분류 모델).
3. 입력 훈련 데이터(아래 다이어그램에서 X_train)를 실제 y_train 레이블로 적합한다.
4. 새로운 테스트 데이터를 y_pred로 예측한다(아래 다이어그램에서 X_test).

이 단계들은 다음과 같은 워크플로 다이어그램으로 표시될 수 있다.

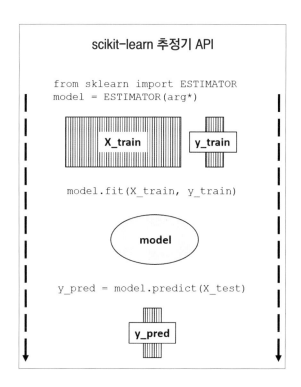

▌ 예측 개념 소개

미래 데이터에 대해 결과 값을 예측하는 것(회귀)이나 레이블을 예측하는 것(분류)은 데이터 마이닝 프로젝트에서 흔한 최종 단계다.

 이 장의 남은 내용을 읽기 전에 2장의 '기본적 데이터 용어' 절과 '통계량' 절에서 살펴본 개념들을 복습하라. 특히 데이터 형태, 변수 형태, 예측 지표들은 여러분들이 이미 이해한 것으로 간주하고 이 장을 진행할 것이다.

여기서 중요한 전략은 훈련 데이터를 수집하고 매핑 함수(즉, 모델)를 입력 변수(x)와 결과 변수(y)에 대해 수립하는 것이다. 다음으로 넘어가기 전에 가정을 점검하자.

- (가정) X와 y 사이에는 관계가 있다. 즉, X는 독립변수이고 y는 X에 의존한다.
- (가정) 미래 데이터는 훈련 데이터와 동일한 분포를 갖는다.

이 두 가정이 다 성립되면, 훈련 데이터에 기반해서 모델을 수립하고 의미 있는 예측을 생성하기 위해 새로운 데이터에 모델을 적용할 수 있다.

매핑 함수는 선형과 비선형 관계를 모두 모델링할 수 있고 보통 최적의 적합을 위해 최적화될 수 있는 복수의 내부 매개변수를 갖고 있다. 물론 매핑 함수의 매개변수를 수동으로 바로 고르기를 원하지는 않으므로, 최적의 매개변수를 찾는 함수를 만드는 알고리즘을 설계해야 한다. 이렇게 함으로써 컴퓨터가 매핑 함수를 학습할 수 있다. 원하는 것을 계량적으로 설명할 수 있도록 수학을 사용한다면, 컴퓨터는 우리를 대신해 작업해줄 것이다. 이는 다음 두 가지를 수리적으로 정의해야 함을 의미한다.

- 어떤 행동이 문제에 대해 중요한가?
- 그 행동을 최적화할 수 있는 전략

가장 흔한 전략은 예측 알고리즘을 최소화 문제로 만드는 것이다. 이 경우 나쁜 행동을 정의하고 최소화한다. 나쁜 행동은 맞추지 못한 예측으로 정의되고 손실이라 불리는 잘못된 예측의 양과 정도를 특정하는 지표에 의해 계량화된다. 손실을 계산하는 함수는 손실 함수라 불리고 보통 예측된 결과(y_{pred})를 실제 결과(y)와 비교한다. 손실은 여러 가지 방법으로 최소화될 수 있지만, 가장 흔한 방법은 기울기 하강^{gradient descent}이라 불리며 최소화의 방향 안에서 시스템을 이동시키기 위해 미분방정식을 사용하는 것이다. 손실 함수와 기울기 하강은 다음 절에서 자세히 다룬다.

게다가 각 예측 알고리즘의 복수의 모델 매개변수들은 최소화 경로에 영향을 줄 수 있도록 지정될 수 있다. 이 매개변수들은 '초매개변수^{hyperparameter}'라 불리고 최소화 문제와 별도로 지정된다. 새로운 데이터에 대한 신뢰성 있는 일반화를 위한 예측 모델의 초매개변수를 생성하고 튜닝하는 것은 일련의 확립되고 체계적인 단계를 따른다. 이 과정은 6장 후반부의 '예측 모델의 튜닝' 절에서 다룬다.

예측 모델 표기법

이 장은 2장에 소개된 변수 형태에서 나오는 X, Y 표기법을 따르고, X의 크기를 설명하는 추가적인 사항들이 있다. 이 장에서 사용되는 표기법을 요약하면 다음과 같다.

- X: 독립 입력 변수의 행렬
- x_i: X로부터의 i번째 단일 레코드/행
- Y: 실제 종속 타깃 변수의 행렬
- y_i: Y로부터의 i번째 단일 레코드/행
- y_{pred}: 예측 타깃 변수
- $\mathbf{m}$: X에서 레코드의 수
- $\mathbf{n}$: X에서 특징의 수

다음은 long_jump 데이터에 적용된 표기법의 예다.

		n = 특징의 수			Y
		X			
이름	나이	키	몸무게	주당 훈련 시간	멀리뛰기 기록
Thomas	12	57.5	73.4	6.5	19.2
Charlize	13	65.5	85.3	8.9	25.1
Vaughn	17	71.9	125.9	1.1	14.3
Vera	14	65.3	100.5	7.9	18.3
Vincent	18	70.1	110.7	10.5	21.1
Lei-Ann	12	52.3	70.4	0.5	10.6

X의 크기
m = 6
n = 4

수학적 도구

앞에서 언급됐듯이, 컴퓨터로 모델 적합을 수행하게 하기 위해 두 가지 수학적 도구가 필요하다. 첫 번째는 손실 함수라 불리는 예측 오류를 계량화하는 수식이고, 두 번째는 기울기 하강으로 불리는 알고리즘 내에서 더 적은 손실의 방향으로 매개변수를 움직여서 예측 오류를 최소화하는 루틴이다.

손실 함수

손실 함수는 모델 예측의 손실을 계산하는 수학적 표현이다. 손실은 나쁜 행동 혹은 잘못된 예측을 계량화하는 지표다. 각 예측 기법은 다른 종류의 매핑(가설 함수라고 불리는)을 사용하므로 손실 함수는 각 가설 형태에 따라 달라진다. 예를 들어 선형 회귀는 X가 선형 함수를 사용해서 y에 매핑된다는 가설을 사용한다. 그러므로 선형 회귀에서 유용한 손실 함수는 훈련 데이터에서 예측 선분이 타깃 y와 얼마나 떨어져 있는지를 계산하게 된다.

선형 회귀 가설 함수부터 살펴보자. 이 함수는 입력 x를 예측된 타깃 결과 y_{pred}에 매핑한다. x는 행렬 X의 한 행이고, h는 가설 함수이며, θ 변수는 예측/가설 선분의 기울기와 절편 값이 된다.

$$y_{pred} = h_\theta\left(x\right) = \theta_1 x + \theta_0$$

이제 아래 그래프에 있는 모의 데이터 플롯을 사용해서 손실을 설명한다. y가 실제 값이고 가설 함수 h_θ가 y_{pred}를 생성하는 예측을 제공하면 다음의 플롯이 그려진다.

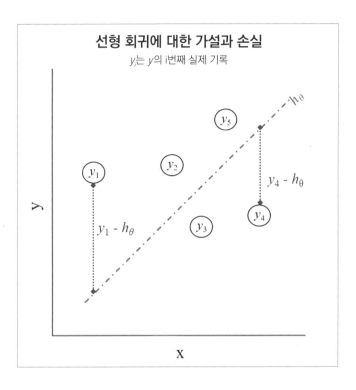

플롯의 파란 선(수직 점선)이 나쁜 행동($y_i{-}h_\theta$)을 계량화한다면, 나쁜 행동들의 합은 시스템에서 손실이 된다. 이 개념을 수학적으로 표시하고 손실 함수 J라고 하자.

$$J\left(\theta\right) \propto \sum_{i=1}^{m}\left(y_{pred,i} - y_i\right)^2 = \mathbb{C}\sum_{i=1}^{m}\left(h_\theta\left(x_i\right) - y_i\right)^2$$

전체 손실 J는 상수 C에 의해 곱해진 모든 파란 선의 제곱합이다. 파란 선의 모든 값이 양이 되게 하기 위해 제곱을 사용하고, 이는 과도한 예측이나 부족한 예측이 같은 양의 나쁨으로 표현될 수 있게 해준다. 이제 나쁜 행동을 계량화할 유용한 손실 함수를 정의했고, 나쁜 행동을 최소화하면 된다. $J(\theta)$에 대한 공식에서 θ_1과 θ_2를 편의상 단일 변수 θ로 합쳤다.

많은 분석가들은 손실 함수 대신 비용 함수라는 용어를 사용한다. 두 용어 사이에는 미묘한 차이가 있지만, 실무에서는 두 용어가 거의 같은 뜻으로 쓰인다. 아마 두 용어 모두 자주 듣게 될 것이다.

기울기 하강

다음 단계는 컴퓨터가 나쁜 행동(즉, 잘못된 예측)을 최소화하는 가설 함수 h_θ의 매개변수 (θ)를 학습하게 하는 것이다. 다행히 아이작 뉴턴은 이 작업을 할 수 있게 하는 수학적 도구를 이미 개발해 놓았다. 우리는 그 도구를 '미분'이라고 부른다. 하지만 미분방정식의 모든 영역을 필요로 하지는 않는다. 단지 한 가지 미분만 필요하다.

미분 도구를 적용하기 전에 무엇을 이루고자 하는지 점검하자. 우리는 나쁜 행동을 최소화하고자 한다. 이를 위해 최소화하고자 하는 손실 함수가 있다.

$$J\left(\theta\right) \propto \sum_{i=1}^{m}\left(y_{pred,i} - y_i\right)^2 = \mathbb{C}\sum_{i=1}^{m}\left(h_\theta\left(x_i\right) - y_i\right)^2$$

다음의 플롯에서 $J(\theta)$를 시각화하고 예측 행동을 표시함으로써 시작한다.

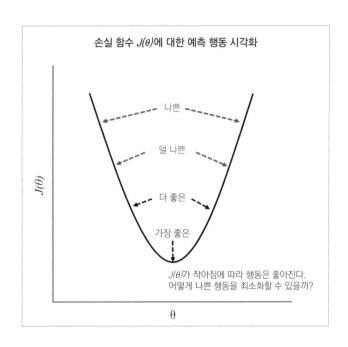

이 함수는 그릇 모양으로 볼록하게 생겼다. 의도적으로 이렇게 생겼으며, 좋은 손실 함수의 성질이다. 볼록 모양은 수학적 도구를 사용해 수학적인 목표를 정의할 수 있게 해준다. 나쁜 행동을 최소화하는 것은 이제 볼록한 모양의 바닥을 향해 손실 함수 $J(\theta)$를 왔다 갔다 하면서 움직이는 것이 된다. 그러므로 함수의 값이 곡선의 오른쪽 부분에 위치한다면, 우리가 원하는 것은 함수의 값을 왼쪽 방향으로 움직여서 가장 낮은 값을 갖는 바닥으로 가게 하는 것이다. 함수의 값이 곡선의 왼쪽 부분에 위치한다면, 우리가 원하는 것은 그 반대가 된다.

이제 목표는 점점 명확해지므로 미분이 등장한다. 이 미분은 하강을 곡선의 바닥 부분으로 인도하며, 그 과정을 기울기 하강$^{gradient\ descent}$이라 부른다. 이 개념은 생각보다 어렵지는 않다. 사실, 이 수학적 도구를 목표를 시각화하고 어떻게 목표에 이를지 관찰함으로써 복잡한 방정식 없이도 이해할 수 있다. 목표는 손실 함수 곡선 $J(\theta)$의 바닥에 도달하는 것이다. 다음 다이어그램에서는 왼쪽의 플롯에서 목표를 시각화해보고 오른쪽 테이블의 관찰을 잘 읽어보자.

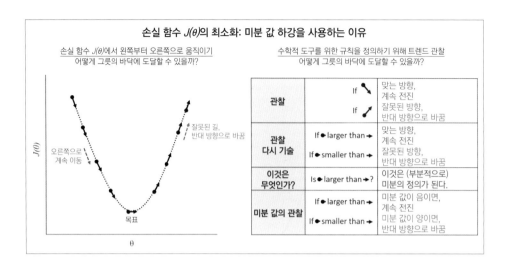

손실 함수 J(θ)의 최소화: 미분 값 하강을 사용하는 이유

이제 미분의 역할이 무엇이고 왜 미분이 모든 수학적 계산의 중요한 기초인지 이해할 수 있을 것이다. 예제를 요약해보면, 미분 기울기는 다음을 의미한다.

- 기울기가 음이면, θ를 증가시킴으로써 오른쪽으로 이동한다.
- 기울기가 양이면, 반대 방향으로 돌아서서 θ를 감소시킴으로써 왼쪽으로 이동한다.

이 미분은 종종 한 변수의 다른 변수에 대한 변화의 비율로 설명된다. 이 미분은 예제에서 θ에 대한 J의 변화 비율이 된다. 미분의 전체 정의는 방향(양/음)과 변화의 크기(대/소)를 다 측정한다. 미분 값에 대한 인사이트를 기르기 위해 미분 값을 시각화한 다음 그래프를 참고하라.

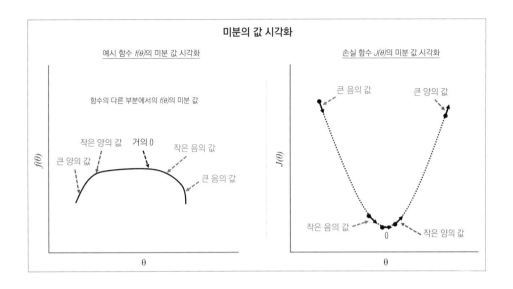

미분의 값 시각화

예시 함수 *f(θ)*의 미분 값 시각화

함수의 다른 부분에서의 *f(θ)*의 미분 값

작은 양의 값 거의 0

큰 양의 값 작은 음의 값

큰 음의 값

손실 함수 *J(θ)*의 미분 값 시각화

큰 음의 값 큰 양의 값

작은 음의 값 작은 양의 값

0

미분은 크기와 방향이 모두 있으므로 하강의 방향과 각 단계의 크기를 함께 자동화할 수 있다. 큰 미분 값은 곡선에서 기울기가 높은 부분에 있다는 것이며, 곡선의 바닥에서 멀리 있다는 것을 의미한다. 작은 미분 값은 바닥에 가까워졌다는 것을 의미한다. 0의 값은 바닥에 도달했다는 의미다.

이 절의 나머지 부분으로 가기 전에 미분의 크기와 부호를 마음속에 그리는 것을 잊지 말자. 이 개념을 잘 모르겠다면, 이전 다이어그램으로 가서 오른쪽 부분을 다시 공부하라.

미분 강하 루틴의 마지막 단계를 위한 준비를 마쳤다. 미분의 큰 값은 바닥에서 아직 멀리 있다는 뜻이므로, 바닥을 향해 더 큰 스텝^{step}을 내디뎌야 한다. 바닥에 가까워질수록 미분 값은 작아지고, 바닥을 지나가지 않기 위해 더 작은 스텝을 내디뎌야 한다. θ의 값을 업데이트함으로써 손실 함수를 이동시킨다. θ는 가설 함수의 매개변수임을 기억하라. 그러므로 선형 회귀에서 θ는 데이터를 적합시키려는 선의 절편 혹은 기울기가 된다. θ 값이 나타내는 것을 확실히 하기 위해 다시 가설 함수를 살펴보자.

$$y_{pred} = h_\theta\left(x\right) = \theta_1 x + \theta_0$$

가설 함수에는 두 매개변수가 있으므로 (θ_1, θ_2) 손실 함수의 전체 공식은 각 매개변수당 하나씩 두 개의 그릇 모양 플롯을 생성한다. 기울기 하강에 대한 θ 매개변수를 업데이트 하는 수학적 표현을 만들 준비가 됐다. 여기서의 전략은 θ의 초기 값에서 스텝 사이즈^{step} ^{size}를 빼는 것이다. 다음의 공식은 매개변수 업데이트를 보여준다.

$$\theta_{updated} = \theta_{initial} - \text{스텝 사이즈}$$

미분은 함수의 경로상에서 어디에 있는지를 알려주므로, 스텝 사이즈는 미분의 스케일을 지정한다. 하지만 곡선의 바닥을 지나가는 것을 방지하기 위해 스텝이 너무 커지는 것은 원하지 않는다. 스텝 사이즈는 미분을 스케일링 팩터에 곱해줌으로써 조정할 수 있다. 이 스케일링 팩터를 학습 비율이라고 한다. 학습 비율(α)과 미분($dJ/d\theta$)을 스텝 사이즈에 대 해 치환하면, 미분 기울기 하강 업데이트 방정식은 다음과 같이 된다.

$$\theta_{updated} = \theta_{initial} - \alpha\left(\frac{\mathrm{d}J\left(\theta\right)}{\mathrm{d}\theta}\right)$$

분석가는 문제에 적합한 학습 비율을 정의한다. 학습 비율에 대한 고려 사항은 다음과 같다.

- 너무 큰 학습 비율은 바닥을 지나치게 되고 왔다갔다 하느라 시간을 낭비하게 된다.
- 너무 작은 학습 비율은 업데이트 스텝이 너무 작아서 손실 함수 위를 왔다갔다 하는 데 시간이 오래 걸리고 결국 시간을 낭비하게 된다.

이 절의 제목은 '기울기 하강'이라 정했지만, 어떤 독자들은 여기서 미분 하강만 다뤘음을 눈치챘을 것이다. 기울기는 단지 미분의 집합을 가리키는 용어이므로, 행렬에 벡터로 저 장된다. x를 데이터의 단일 행으로 표시하고 X를 복수의 행으로 이뤄진 행렬로 정의하는 예측 표기와 비슷하다. 미분은 단일 매개변수의 변화 비율인 반면, 기울기는 행렬에 저장된 복수의 매개변수의 변화 비율이다.

선형 회귀 손실 함수는 복수의 매개변수(θ_1, θ_2)가 있으므로, 그 매개변수들을 최적화하는 것은 기울기 하강이라 불린다. 하나의 매개변수만 있었다면, 미분 하강이라 불릴 것이다.

품질 체계 적합하기

모델 튜닝 과정의 일부는 훈련 데이터의 예측 정확성뿐만 아니라 헬드아웃held-out 데이터에 대해서도 같은 것을 측정하는 것이다. 테스트 데이터는 모델 훈련에 사용되지 않는다. 테스트 데이터를 점검하는 이유는 새로운 데이터에 대해 모델이 일반화 가능한지 확인하기 위해서다. 복잡한 매핑 함수를 훈련 데이터에 적합하는 것은 훈련 데이터에 높은 예측(즉, 낮은 손실) 점수를 제공할 수 있지만, 새로운 데이터에 대해서는 아마 그렇지 않을 것이다. 이러한 품질 체계는 고분산high variance이라 불리고, 이 모델이 훈련 데이터에 과적합됐음을 의미한다. 이 반대의 현상은 매핑 함수가 시스템의 정보를 제대로 반영할 만큼 복잡하지 않은 경우다. 이 경우, 예측 점수는 훈련 데이터에 대해서도 낮을 것이다. 이러한 품질 체계는 고편향high bias이라 불리고, 모델이 훈련 데이터에 대해 적합이 덜 됐음을 의미한다. 예측을 위한 최상의 모델은 과적합과 과소적합 사이에 존재하고, 이는 모델을 이렇게 튜닝하는 것이 아주 중요함을 의미한다. 다른 모델 품질 체계는 다음의 다이어그램에 설명돼 있다.

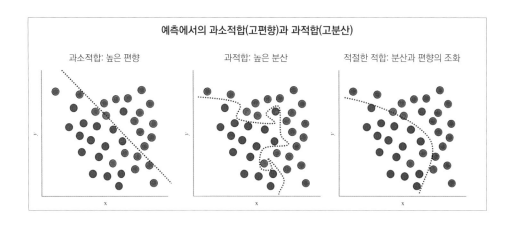

고편향과 고분산 사이의 적절한 균형을 찾는 것은 새로운 데이터에 대한 신뢰할 만한 일반화를 위해 예측 모델의 초매개변수를 튜닝하는 것에 의해 이뤄진다. 이 과정은 확립되고 체계적인 단계를 밟아 수행된다. 이 단계는 이 장 후반부의 '예측 모델의 튜닝' 절에서 다뤄진다.

❙ 회귀

회귀 모델은 입력 데이터를 수리적 값을 갖는 결과 예측으로 매핑한다. 카테고리 레이블을 예측하는 분류 모델과는 반대되는 개념이다. 이 구분은 예제를 통해 가장 쉽게 이해된다.

- 회귀 모델은 주택 가격, 멀리뛰기 거리, 홈런 개수 등의 결과를 예측할 수 있다.
- 분류 모델은 참/거짓, 고위험/중위험/저위험, 동물의 종species 등의 레이블을 할당할 수 있다.

> ℹ️ 이 회귀 관련 절에서는 이전의 예측 관련 절에서 썼던 용어들을 사용할 것이다. 다음의 내용을 읽기 전에 이 용어들에 친숙해져야 한다.

회귀 모델 예측 지표

회귀 분석에서 모델의 평균 오류를 계량화하기 위해 점수화 시스템이 필요하다. 평균 오류를 계량화하는 지표는 평균 제곱 오류(MSE)라 불리고 다음의 공식을 따른다.

$$MSE = \frac{1}{m} \sum_{i=0}^{m} (y_{pred,i} - y_i)^2$$

MSE 지표는 선형 회귀 손실 함수와 같은 형태이므로 이미 친숙할 것이다. 그러므로 이 지표는 손실 함수를 최소화한 이후에 모델의 최종 손실이 된다. MSE의 단점은 스케일에 의해 영향을 받는 것이므로, 좋거나 나쁜 점수는 스케일에 따른 특정 입력 데이터별로 정의될 수 있다. 큰 입력 값을 갖는 데이터는 큰 MSE 값을 갖고, 작은 값은 그 반대다. 이 약점은 단일한 문제를 다룰 때는 장애가 되지 않지만, 그 경우 복수의 케이스를 비교할 수는 없다.

나는 MSE를 정규화하는 점수를 사용하는 것을 추천한다. 이렇게 하면 복수의 문제들에 대한 점수를 비교할 수 있고, 이에 대한 인사이트를 기를 수 있다. 주택 가격 예측에 대한 0.8의 점수는 멀리뛰기 예측에 대한 0.8의 점수와 비슷한 품질이라는 뜻이다. 가장 인기 있는 MSE의 정규화는 결정 계수$^{\text{coefficient of determination}}$, 혹은 R^2 점수라고 부른다. σ^2이 데이터의 분산이라면, R^2 점수는 다음의 식이 된다.

$$R^2 \text{ 점수} = 1 - \left(\frac{MSE}{\sigma^2} \right)$$

여기서 가능한 최대의 R^2 점수는 1이 된다는 것을 명심하라.

회귀 예제 데이터

회귀 예제를 위해 boston 데이터를 사용한다. 훈련 데이터 및 테스트 데이터를 생성하기 위해 get_boston() 함수를 사용한다.

```python
# 모듈 임포트
from sklearn.datasets import load_boston
from sklearn.model_selection import train_test_split

# 훈련/테스트 데이터로 나눠진 boston 데이터를 구하는 함수
def get_boston():
    # boston 데이터셋 불러오기
    dataset = load_boston()
    df = pd.DataFrame(dataset.data, columns=dataset.feature_names)
    df['MEDV'] = dataset.target
    df.index.name = 'record'
    # 훈련 데이터와 테스트 데이터로 나누기
    X_train, X_test, y_train, y_test = \
        train_test_split(df.loc[:, df.columns != 'MEDV'],
                         df['MEDV'], test_size=.33, random_state=42)

    return [X_train, X_test, y_train, y_test]
```

선형 회귀

선형 회귀 알고리즘은 데이터가 직선에 잘 적합될 수 있다는 가정에서 출발한다. 이 모델 적합의 자세한 사항은 '손실 함수' 절과 '기울기 하강' 절에서 이미 다뤘으므로, 여기서 또 다룰 필요는 없다. θ 변수가 예측/가설 직선의 기울기와 절편을 나타내는 가설 함수 h에 대한 공식을 기억해보자.

$$y_{pred} = h_\theta\left(x\right) = \theta_1 x + \theta_0$$

이제 손실 함수를 살펴보자.

$$J\left(\theta\right) \propto \sum_{i=1}^{m} \left(y_{pred,i} - y_i\right)^2$$

비례 관계(∝)를 제거하고 상수 C를 더함으로써 다음과 같이 손실 함수를 정의할 수 있다.

$$J\left(\theta\right) = \mathbb{C} \sum_{i=1}^{m} \left(h_\theta\left(x_i\right) - y_i\right)^2 = \frac{1}{2m} \sum_{i=1}^{m} \left(h_\theta\left(x_i\right) - y_i\right)^2$$

상수 C는 기울기 하강 과정에서 미분을 더 쉽게 계산할 수 있도록 삽입됐고, 그 값은 (1/2m)이다.

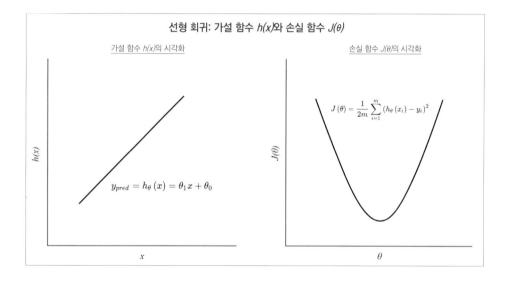

scikit−learn에서 선형 회귀는 LinearRegression 모듈을 사용해 이뤄진다.

```
### 선형 회귀 ###
# 모듈 임포트
from sklearn.linear_model import LinearRegression
from sklearn.metrics import r2_score
```

```
# moon 데이터 구하기
X_train, X_test, y_train, y_test = get_boston()

# 회귀 객체 초기화와 훈련 데이터에 대한 적합
clf = LinearRegression()
clf.fit(X_train, y_train)

# 테스트 데이터에서의 예측과 y_test에 대한 예측의 점수화
y_pred = clf.predict(X_test)
r2 = r2_score(y_test, y_pred)
print('r2 score is = ' + str(r2))
```

이 코드를 수행한 결과는 다음과 같다.

```
r2 score is = 0.726
```

다변량 형태로 확장

대부분의 데이터는 둘 이상의 입력 특징을 갖는다. 이는 곧 다변량 회귀를 필요로 함을 의미한다. 단일 변량 선형 회귀를 다변량 회귀로 확장하는 것은 각 변수가 행렬에 저장돼 있으면 간단하다. 선형 회귀 가설 함수의 단일 변량 형태부터 시작하자.

$$y_{pred} = h_\theta\left(x\right) = \theta_1 x + \theta_0$$

여기서 x는 열의 단일 특징이다. 복수의 특징을 처리하기 위해 특징의 행렬을 X라 하고 매개변수 값을 Θ로 표시한다.

x_i^j를 i번째 레코드/행과 j번째 열을 표시하기 위해 사용한다. $\theta_{[0,1]}^j$을 j번째 특징 열에 대해 단일 변량 $[\theta_0, \theta_1]$을 나타내기 위해 사용한다.

$$X = \begin{bmatrix} x_0^1 & x_0^2 & x_0^3 \\ x_1^1 & x_1^2 & x_1^3 \\ x_2^1 & x_2^2 & x_2^3 \end{bmatrix}, \ \Theta = \begin{bmatrix} \theta_{[0,1]}^1 \\ \theta_{[0,1]}^2 \\ \theta_{[0,1]}^3 \end{bmatrix}$$

선형 회귀 가설 함수의 다변량 형태는 행렬 X와 벡터 Θ를 곱해서 행렬 연산으로 다음과 같이 쓰여질 수 있다.

$$h_\theta(X) = X\Theta$$

선형 회귀 손실 함수도 벡터 형태로 쓰여질 수 있다. 제곱 항은 자신의 전치 행렬^{transpose}에 곱한 형태로 쓰여진다.

$$J(\Theta) = \frac{1}{2m}(X\Theta - Y)^T(X\Theta - Y)$$

 TIP 이 표현을 완벽하게 이해하려면 행렬 대수를 이해해야 하고, 행렬 대수의 개념은 이 책의 범위를 벗어난다. 하지만 scikit-learn의 기법을 사용하기 위해 그 내용을 반드시 이해할 필요는 없다.

페널티 회귀를 활용한 규칙화

'품질 체계 적합하기' 절에서 살펴봤듯이, 과적합은 매핑 함수가 너무 복잡할 때 일어난다. 훈련 데이터에 대한 과도하게 복잡한 매핑 함수는 훈련 데이터에 대해서는 높은 정밀도(낮은 손실)를 제공할 수 있지만, 새로운 데이터에 대해서는 잘 작동하지 않을 것이다. 이런 현상을 고분산이라고 한다. 수정 항을 더해서 과적합을 수정하는 행위는 규칙화^{regularization}라고 한다. 규칙화의 가장 흔한 전략은 페널티 항$^{penalty\ term}$을 도입하는 것이다.

어떻게 손실 함수가 잘못된 예측의 형태로 나쁜 행동을 정의하는지를 기억해보라. 규칙화를 위한 명백한 다음 단계는 과도한 복잡성에 페널티를 주도록 설계된 항을 손실 함수에 더하는 것이다.

$$\text{페널티 손실} = \text{손실 함수} + \text{페널티 항}$$

다변량 선형 회귀 손실 함수는 페널티 항을 포함해서 다음과 같이 쓰여질 수 있다.

$$J(\Theta) = \frac{1}{2m}(X\Theta - Y)^T(X\Theta - Y) + \text{페널티 항}$$

규칙화 페널티

규칙화의 페널티 항은 모델의 매개변수 θ를 타깃한다. 전략은 어떤 단일 매개변수 θ도 적합을 독점하지 못한다는 가정하에 수립된다. 그러므로 매개변수가 너무 커지면, 전체적으로 더 작은 매개변수를 학습하도록 모델에 페널티를 부과해야 한다. 또한 페널티 항은 적합으로부터의 너무 작은 매개변수 θ를 완전히 제거해서 중요한 특징만 포함하도록 설계될 수 있다.

다변량 공식에서 Θ 행렬은 각 j번째 특징 열에 대한 θ 값으로 이뤄진다. n개의 특징 열에서 θ의 절댓값의 합을 취해서 손실 함수에 더해주면 L1 페널티[L1 penalty]라 부르는 다음의 값을 얻는다.

$$L1\ \text{페널티 손실} = \text{손실 함수} + \lambda \sum_{j=1}^{n} |\theta_j|$$

λ 값은 페널티의 양을 조정하기 위한 간단한 방법으로써 더해진다.

$L1$ 페널티를 갖는 선형 회귀는 라소[lasso] 회귀라고도 한다. 다변량 선형 회귀 손실 함수는 $L1$ 페널티를 갖는 라소 회귀 형태로 다음과 같이 쓰여질 수 있다.

$$J(\Theta) = \frac{1}{2m}(X\Theta - Y)^T(X\Theta - Y) + \lambda\sum_{j=1}^{n}|\theta_j|$$

모든 θ의 제곱합을 손실 함수에 더해주면 L2 페널티$^{\text{L2 penalty}}$라 부르는 다음의 값을 얻는다.

$$L2\text{ 페널티 손실} = \text{손실 함수} + \lambda\sum_{j=1}^{n}\theta_j^2$$

$L2$ 페널티를 갖는 선형 회귀는 '리지^{ridge} 회귀'라고도 한다. 다변량 선형 회귀 손실 함수는 $L2$ 페널티를 갖는 리지 회귀 형태로 다음과 같이 쓰여질 수 있다.

$$J(\Theta) = \frac{1}{2m}(X\Theta - Y)^T(X\Theta - Y) + \lambda\sum_{j=1}^{n}\theta_j^2$$

$L1$ 페널티는 적합으로부터 작은 θ의 값을 갖는 특징들을 완전히 제거한다. 이 경우 아래 그림에서 적색 선이 모두 낮은 θ 값을 갖는 것을 볼 수 있다. $L2$ 페널티는 어떤 항도 제거하지 않지만, θ^2의 단위로 스케일링되므로 θ 값이 커지면서 더 강한 페널티를 부과한다.

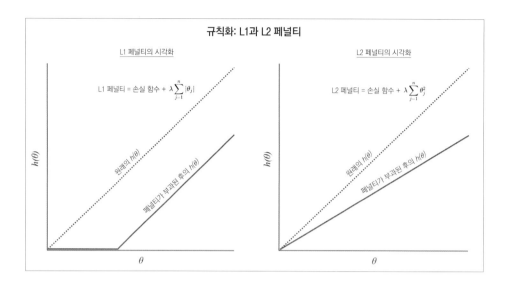

규칙화: L1과 L2 페널티

L1 페널티의 시각화

L1 페널티 = 손실 함수 + $\lambda \sum_{j=1}^{n} |\theta_j|$

원래의 $h(\theta)$

페널티가 부과된 후의 $h(\theta)$

$h(\theta)$

θ

L2 페널티의 시각화

L2 페널티 = 손실 함수 + $\lambda \sum_{j=1}^{n} \theta_j^2$

원래의 $h(\theta)$

페널티가 부과된 후의 $h(\theta)$

$h(\theta)$

θ

scikit-learn은 라소와 리지 기법을 사용해서 $L1$과 $L2$ 페널티를 더하는 것을 쉽게 해준다. 먼저 라소 회귀를 살펴보자. 여기서는 alpha 옵션을 통해 λ 값을 전달해준다.

```
### 라소 회귀 ###
# 모듈 임포트
from sklearn.linear_model import Lasso
from sklearn.metrics import r2_score

# moon 데이터 얻기
X_train, X_test, y_train, y_test = get_boston()

# 분류기 객체 초기화와 훈련 데이터에 대한 적합
clf = Lasso(alpha=0.3)
clf.fit(X_train, y_train)

# 테스트 데이터상에서의 예측과 y_test에 대한 예측 점수화
y_pred = clf.predict(X_test)
r2 = r2_score(y_test, y_pred)
print('r2 score is = ' + str(r2))
```

이 코드를 수행한 결과는 다음과 같다.

```
r2 score is = 0.705
```

선형 회귀 모델에 규칙화를 도입한 후 얼마나 R^2 점수가 높아지는지 살펴보라. 다음으로 리지 회귀를 살펴보자. 여기서도 alpha 옵션을 통해 λ 값을 전달해준다.

```
### 리지 회귀 ###
# 모듈 임포트
from sklearn.linear_model import Ridge
from sklearn.metrics import r2_score

# moon 데이터 얻기
X_train, X_test, y_train, y_test = get_boston()

# 분류기 객체 초기화와 훈련 데이터에 대한 적합
clf = Ridge(alpha=0.3)
clf.fit(X_train, y_train)

# 테스트 데이터상에서의 예측과 y_test에 대한 예측 점수화
y_pred = clf.predict(X_test)
r2 = r2_score(y_test, y_pred)
print('r2 score is = ' + str(r2))
```

이 코드를 수행한 결과는 다음과 같다.

```
r2 score is = 0.724
```

R^2 점수는 리지 회귀의 경우 더 높아진다. λ의 적합한 값을 찾는 것은 초매개변수 튜닝의 과정이며, 이 장 후반부의 '초매개변수 튜닝을 위한 그리드 검색' 절에서 더 자세한 사항을 다룬다.

분류

분류 모델은 수리적 값을 예측하는 회귀 모델과 달리 입력 데이터를 카테고리 클래스 레이블로 예측한다. 이 구분은 예를 통해 더 잘 설명될 수 있다.

- 분류 모델은 참/거짓, 저위험/중위험/고위험, 동물의 종과 같은 레이블을 할당할 수 있다.
- 회귀 모델은 주택 가격, 멀리뛰기 거리, 홈런 개수와 같은 결과를 예측한다.

> ℹ️ 여기서는 앞의 예측 관련 절에서 나왔던 용어들을 계속 사용할 것이다. 다음의 내용을 읽기 전에 이 용어들에 친숙해져야 한다.

이 장의 나머지 부분에서는 예측에 사용되는 흔한 기법들을 다룰 것이다. 아래 그림은 다른 예측 기법들에 사용되는 여러 플롯들을 제시하고, 어떻게 그 플롯들이 입력 데이터를 타깃 변수에 매핑하는지를 보여준다.

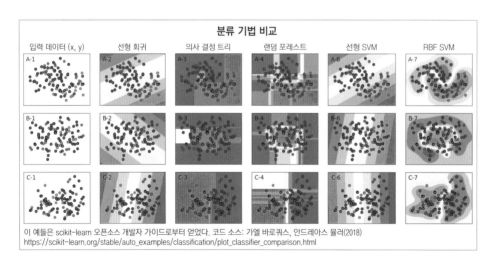

이 예들은 scikit-learn 오픈소스 개발자 가이드로부터 얻었다. 코드 소스: 가엘 바로쿼스, 안드레아스 뮬러(2018)
https://scikit-learn.org/stable/auto_examples/classification/plot_classifier_comparison.html

분류 예제 데이터

가상의 moon 데이터를 분류 작업에 사용할 것이다. 훈련 데이터와 테스트 데이터를 생성하기 위해 다음의 get_moon_data() 함수를 사용할 수 있다.

```python
# 모듈 임포트
from sklearn.model_selection import train_test_split
from sklearn.datasets import make_moons

# 모의 moon 데이터를 얻기 위한 함수
def get_moon_data():
    # 데이터 모음을 생성하고 훈련 데이터와 테스트 데이터로 나누기
    X, y = make_moons(n_samples=150, noise=0.4, random_state=42)
    X_train, X_test, y_train, y_test = \
        train_test_split(X, y, test_size=.33, random_state=42)
    return [X_train, X_test, y_train, y_test]
```

분류 모델 예측의 지표

분류에서 모델의 예측 능력을 계량화하기 위해서는 점수화 시스템이 필요하다. 정확한 예측의 비율을 측정하는 단순 정확도는 보통 충분하지 않고 중요한 모델 편향을 감출 수도 있다. 예를 들어 90개의 그룹 A 샘플이 있고 열 개의 그룹 B 샘플이 있으면, 예측 모델은 모든 것을 그냥 A로 예측하기만 해도 90%의 정확도로 A를 예측할 수 있다. 이제 그룹 B가 의학 연구에서 암에 걸린 환자의 레이블이라고 하자. 그러면 이 90%의 정확도는 받아들일 수 없고 이 모델은 사용될 수 없다. 이러한 문제들 때문에 다른 지표들이 설계됐다. 정밀도^{precision}는 긍정적인 예에 집중하고 얼마나 모델이 긍정적인 점수를 잘 예측하는지 측정한다. 재현율^{recall}은 부정적인 측면을 고려하고 얼마나 모델이 긍정적인 점수를 찾아내는지 측정한다. 분류에서 업계 표준은 정밀도와 재현율을 둘 다 고려하는 하이브리드 점수이고, F_1 점수라고 알려진 조화평균 공식을 사용한다. 오차 행렬$^{confusion\ matrix}$과 지표 점수에 대해 다음을 참고하라.

| 오차 행렬 | 지표 점수 |

오차 행렬

실제 클래스

		양성	음성
예측	양성	참 양성	거짓 양성
	음성	거짓 음성	참 음성

지표 점수

$$정밀도 = \frac{참\ 양성}{참\ 양성 + 거짓\ 양성}$$

$$재현율 = \frac{참\ 양성}{참\ 양성 + 거짓\ 음성}$$

$$F_1\ 점수 = 2 * \frac{정밀도 * 재현율}{정밀도 + 재현율}$$

복수 클래스 분류

복수 클래스 분류기는 두 개를 초과하는 타깃 결과 레이블을 예측할 수 있는 능력을 갖는다. 이진 분류기는 다중 클래스 문제로 선천적으로 확장 가능하지는 않다. 이진 분류기를 확장하는 두 가지 전략으로는 '일 대 모두one-versus-all'와 '일대일one-versus-one'이 있다.

일 대 모두 전략

일 대 모두 전략은 모든 다른 레이블에 대응하는 각 레이블에 대해 별도의 분류기를 생성한다. 다음으로 예측 시각에 모든 분류기에 새로운 데이터를 입력하고 가장 높은 점수를 갖는 레이블을 데이터 포인트에 할당한다. 이 전략은 각 레이블에 대해 한 분류기를 생성하고 각 분류기에 모든 데이터 포인트를 입력한다.

일대일 전략

일대일 전략은 모든 레이블의 쌍의 조합에 대해 별도의 분류기를 생성한다. 각 분류기는 현재의 쌍의 조합의 데이터 포인트만 적합한다. 다음으로 예측 시각에 모든 분류기에 새로운 데이터를 입력하고, 각 결과 예측을 단일 투표로서 수집한 후 가장 많은 득표를 한 레이블을 데이터 포인트에 할당한다. 이 전략은 각 레이블에 대해 하나 이상의 분류기를 생성한다. l이 레이블의 수이면, 일대일 전략에 의해 생성되는 작은 분류기의 수는 다음의 공식을 따른다.

$$분류기의 수 = \frac{l(l-1)}{2}$$

이 두 전략은 다음 표에서 요약된다.

입력 레이블 전체 네 개	[A,B,C,D]
일 대 모두 네 개의 추정기 생성	[A] vs [B,C,D] [B] vs [A,C,D] [C] vs [A,B,D] [D] vs [A,B,C]
일대일 여섯 개의 추정기 생성	[A] vs [B] [A] vs [C] [A] vs [D] [B] vs [C] [B] vs [D] [C] vs [D]

로지스틱 회귀

이름에 회귀가 들어가지만, 로지스틱 회귀는 사실 이진 분류 기법이다. 가설 함수는 지그모이드sigmoid 함수의 형태를 갖는다. z가 θ와 x의 선형 결합이면, 로지스틱 회귀의 가설 함수는 다음의 형태를 갖는다.

$$y_{pred} = h_\theta(z) = sigmoid(z)$$

지그모이드 함수는 다음과 같이 확장된다.

$$sigmoid(z) = \frac{1}{1 + e^{-z}} \text{ , 여기서 } z = \Theta^T X$$

지그모이드 함수는 S 형태를 띠고, 이는 곧 이진 분류에 이 함수가 적합한 이유다. 다음의 그래프는 지그모이드 함수를 사용한 예측 전략을 보여준다. z의 값은 S 모양의 맨 위 혹은 맨 아래에 집중된다. 위의 값은 1로 예측되고 아래의 값은 0으로 예측된다.

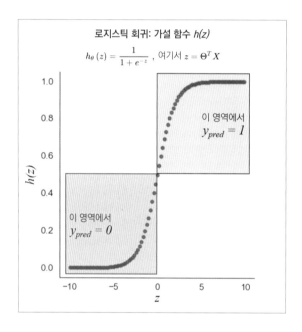

손실 함수는 계단식 함수다. 즉, 이 함수는 하나 이상의 체계를 갖고 있으며, 각각은 다른 형태를 갖는다. 계단식 성질을 좀 더 자세히 알아보기 전에 일반적인 형태를 살펴보고 `loss()` 함수를 삽입하자.

$$J(\theta) = loss(x_i, y_i)$$

두 개의 다른 체계는 x_i가 주어졌을 때 y_i의 실제 값에 의해 정의된다. $y=1$이면 한 체계에 있고, $y=0$이면 다른 체계에 있는 것이다. 이 행동은 계단식 함수라고 불리는 함수에 의해 표현된다. 로지스틱 회귀 손실에 대한 계단식 함수는 다음과 같다.

$$loss(x_i, y_i) = \begin{cases} -log(h_\theta) & \text{(y=1인 경우)} \\ -log(1 - h_\theta) & \text{(y=0인 경우)} \end{cases}$$

손실 함수의 시각화는 아래와 같다. 실제 값 $y=0$이면 예측이 1에 근접해갈 때 손실 함수는 급격히 상승하고, $y=1$일 때는 그 반대가 된다.

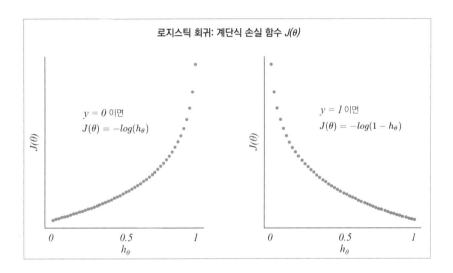

scikit-learn에서 로지스틱 회귀는 LogisticRegression 모듈로 수행된다.

```
### 로지스틱 회귀 분류 ###
# 모듈 임포트
from sklearn.linear_model import LogisticRegression
from sklearn.metrics import f1_score

# moon 데이터 얻기
X_train, X_test, y_train, y_test = get_moon_data()

# 분류 객체 초기화와 훈련 데이터에 대한 적합
clf = LogisticRegression(solver='lbfgs')
clf.fit(X_train, y_train)
```

```
# 테스트 데이터상에서의 예측과 y_test에 대한 예측 점수화
y_pred = clf.predict(X_test)
f1 = f1_score(y_test, y_pred)
print('f1 score is = ' + str(f1))
```

이 코드를 수행한 결과는 다음과 같다.

f1 score is = 0.749

다음 코드를 사용해 오류 행렬을 플롯할 수 있다.

```
### 오류 행렬 플롯 ###
from sklearn.metrics import confusion_matrix
import matplotlib.pyplot as plt
from matplotlib.colors import ListedColormap

# 오류 행렬 생성
cm = confusion_matrix(y_pred, y_test)

# 데이터프레임 생성과 클래스명 부여
labels = ['top crescent', 'bottom cresent']
df_cm = pd.DataFrame(cm,
                     index = labels,
                     columns = labels)

# 플롯 규격 지정
plt.figure(figsize=(5.5,4))
sns.heatmap(df_cm, cmap="GnBu", annot=True)

# 제목과 축에 대한 레이블 부여
plt.title('Logistic Regression \nF1 Score:{0:.3f}'.format(f1_score(y_test,
y_pred)))
plt.ylabel('Prediction')
plt.xlabel('Actual Class')
plt.show()
```

이 코드를 수행한 결과는 다음과 같다.

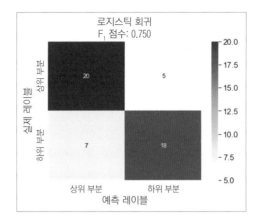

규칙화된 로지스틱 회귀

$L1$과 $L2$ 페널티는 과적합에 대처하기 위해 로지스틱 회귀의 마지막에 더해질 수 있다. 이에 대한 자세한 내용은 앞서 살펴본 '규칙화 페널티' 절을 참고하라. 이러한 페널티는 penalty 옵션을 사용해서 적용될 수 있고, 규칙화 상수는 C 옵션을 사용해서 적용된다. C 는 λ의 역이고, C의 작은 값은 더 강한 페널티를 의미한다.

```
### 규칙화된 로지스틱 회귀 ###
clf = LogisticRegression(solver='lbfgs', penalty='l2', C=0.5)
```

마지막으로, 로지스틱 회귀는 일 대 모두 기법을 이용해 다중 클래스 분류기로 변환될 수 있다.

서포트 벡터 머신

서포트 벡터 머신(SVM)은 로지스틱 회귀 모델의 개념을 확장해서 클래스 사이의 최대 마진을 찾아내는 분류기를 생성한다. 마진의 경계는 두 예측된 영역을 분리하는 결정 경계

decision boundary에 가장 가까운 데이터 포인트에 의해 정의된다. 이 포인트들은 서포트 벡터라 부르고, 서포트 벡터 머신의 이름도 여기서 유래됐다. 다음의 플롯은 결정 경계, 마진, 서포트 벡터의 개념을 보여준다. 로지스틱 회귀와 SVM의 결정 경계가 어떻게 다른지 유의해서 살펴보라.

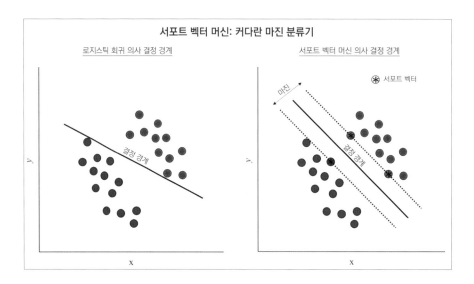

앞서 살펴본 '분류 기법 비교' 다이어그램에서의 해당 박스들은 SVM 적합에 의해 분리되는 결정 경계의 로테이션rotation을 보여준다.

로지스틱 회귀 손실은 계단식 함수에 의해 계산됨을 기억하라. 계단식 함수는 각 예측 체계마다 다른 손실 함수로서 정의된다. 이진 분류에서 이 체계들은 실제 레이블의 값에 의해 정의된다. $y=1$에 대한 체계가 있고, $y=0$에 대해 또 다른 체계가 있다. 손실 함수에 대한 계단식 함수의 간단한 모형을 사용해서 SVM을 설명해본다.

$$loss(x_i, y_i) = \begin{cases} loss_{y=1}(x_i, y_i) & \text{($y=1$인 경우)} \\ loss_{y=0}(x_i, y_i) & \text{($y=0$인 경우)} \end{cases}$$

이제 이 관계를 결합해서 단일 표현으로 만들고, 동시에 계단식 함수에 의해 정의된 체계에 기반한 행동을 보존한다. 첫 번째 단계는 관계들을 더하고 명백하게 최종 표현을 정의할 때까지 비례적 부호를 사용하는 것이다. 완성되지 않은 표현은 다음과 같다.

$$J(\theta) \propto loss_{y=1}(x_i, y_i) + loss_{y=0}(x_i, y_i)$$

목표는 계단식 함수 행동을 보존하는 것임을 기억하라. $y=1$ 체계부터 먼저 시작하자. $y=1$이면 $y=1$에 대한 손해 부분($loss_{y=1}$)만 활성화되기를 원한다. 그러므로 $loss_{y=0}$ 부분을 꺼놓을 방법을 찾아야 한다. 그 방법의 수학적 트릭은 $loss_{y=1}$ 부분을 $(1-y)$로 곱해주는 것이다. $y=1$이고 $1-y=0$이므로, $loss_{y=0}$은 0이 되고 꺼진다. 같은 트릭은 $loss_{y=1}$ 부분을 y로 곱해주는 것으로 적용된다. 이 트릭을 이해하기 위해 다음의 SVM 손실 함수에 대한 최종 표현을 잘 살펴보자.

$$J(\theta) = -(y_i)loss_{y=1}(x_i, y_i) - (1 - y_i)loss_{y=0}(x_i, y_i)$$

다음 질문은 '$loss(x_i, y_i)$의 형태는 무엇인가?'다. 이에 대한 답은 힌지 손실$^{\text{hinge loss}}$이라 불리는 함수다. 힌지는 ON 영역에서 선형의 모양을 갖고 OFF 영역에서 0의 값을 갖는 선분이 된다. 모델 적합의 목표는 손실 함수를 최소화하는 것이므로, 0의 값을 갖는 부분은 최소 손실의 위치가 된다. 힌지 모양의 결과를 유리하게 사용하고 원하는 선분이 발생하도록 힌지 곡선을 위치시킬 것이다.

SVM은 클래스 사이의 최대 마진을 찾기 위해 직접 타깃되는 분류기임을 기억하라. $y=1$ 과 $y=0$ 예측 체계 사이에서 공유된 경계(예를 들면 0)를 타기팅하는 대신에 두 경계를 분리하고 각각을 0으로부터 멀리 떨어트린다. z 값이 0보다 크도록(음의 영역에서는 0보다 작도록) 힌지 곡선을 위치시킴으로써 이 작업을 완성한다. 이 전략은 다음의 그림에서 설명된다.

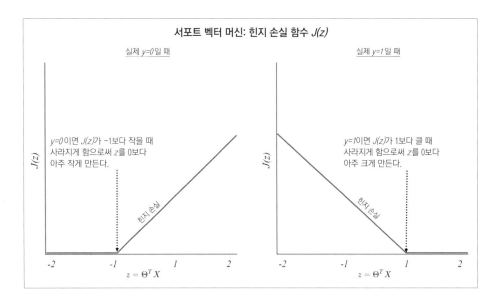

이 절의 첫 번째 그래프로 돌아가서 거기에 z를 더한다.

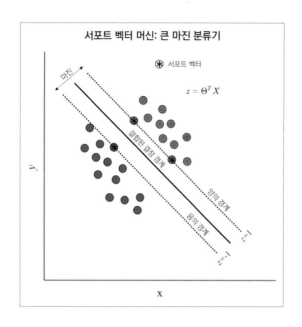

C를 사용한 소프트 마진

물론 모든 데이터가 커다란 마진으로 깨끗하게 분리되지는 않는다. 이에 대한 해법은 마진의 정의를 완화하는 것이다. 마진을 완화하면 좀 더 강력한 벡터 머신을 생성하기 위해 몇몇 샘플을 재분류하거나 마진 안에 위치하도록 할 수 있다. 규칙화 기법은 scikit-learn에서 C 페널티 옵션을 사용해 적용된다. 낮은 C 값은 완화된 마진을 의미한다.

scikit-learn에서 SVM 분류는 svm.svc 모듈을 이용해 이뤄진다.

```
### 서포트 벡터 머신 분류 ###
# 모듈 임포트
from sklearn.svm import SVC
from sklearn.metrics import f1_score

# moon 데이터 얻기
X_train, X_test, y_train, y_test = get_moon_data()

# 분류 객체 초기화와 훈련 데이터에 대한 적합
clf = SVC(kernel="linear", C=0.5)
```

```
clf.fit(X_train, y_train)

# 테스트 데이터상에서의 예측과 y_test에 대한 예측 점수화
y_pred = clf.predict(X_test)
f1 = f1_score(y_test, y_pred)
print('f1 score is = ' + str(f1))
```

이 코드를 수행한 결과는 다음과 같다.

```
f1 score is = 0.749
```

커널 트릭

전통적인 SVM은 이진, 선형 분류기다. 흥미롭게도 이것은 커널 트릭을 활용해서 비선형 분류에도 확장될 수 있다. 커널 트릭은 이전에 소개했던 모든 SVM 도구들을 활용하고 가설 함수의 정의를 새로운 비선형 매핑 함수로 대체한다. 이에 대한 수학적인 세부 내용은 이 책의 범위를 벗어나지만, 커널 트릭이 존재하는 사실과 SVC에 어떻게 적용하는지는 알아야 한다. 가장 흔한 커널 선택은 가우시안 커널이며, 반경 기반$^{radial\ basis}$ 함수를 사용한다. 가우시안 커널은 scikit-learn의 기본 분류기이므로 추가적으로 옵션을 사용할 필요가 없다.

하지만 좋은 분류를 위해 튜닝돼야 하는 gamma 옵션에 의한 계수가 있다. gamma는 가우시안 매핑 함수의 폭을 조정하고, 이 함수는 각 포인트가 마진 정의에 대해 갖는 영향력의 구^{sphere}를 조정한다. 작은 gamma 값은 큰 반경과 낮은 비선형성을 의미한다. 사실 gamma를 작게 지정할수록 SVM은 선형 커널 버전처럼 작동한다. 선형 커널 버전처럼 작동하는 초매개변수를 어떻게 튜닝하는지는 '예측 모델의 튜닝' 절을 참고하라.

```
### 가우시안 커널 분류를 사용한 SVM ###
# 분류 객체 초기화와 훈련 데이터에 대한 적합
clf = SVC(gamma=2, C=1)
clf.fit(X_train, y_train)
```

```
# 테스트 데이터상에서의 예측과 y_test에 대한 예측 점수화
y_pred = clf.predict(X_test)
f1 = f1_score(y_test, y_pred)
print('f1 score is = ' + str(f1))
```

SVM은 일대일 기법을 사용해서 다중 클래스 분류기로 변환될 수 있다.

트리 기반 분류

트리 기반 기법은 예측을 하기 위해 단계적인 방법으로 의사 결정 논리를 적용한다. 이 기법의 단순한 의사 결정 과정은 인간의 논리 흐름과 비슷하다. 이 기법들은 다중 클래스의 문제들을 특별한 전략 없이 처리할 수 있고, 수리적 입력이나 카테고리 입력을 모두 처리할 수 있다. 카테고리 입력은 최상의 결과를 얻기 위해 인코딩이 필요하다. 트리 분류기에 대한 가장 흔한 인코딩 전략은 원핫 인코딩이고, 4장의 '카테고리 데이터 처리' 절에서 살펴봤다.

의사 결정 트리를 사용한 단일 트리 학습의 가장 큰 약점은 트리가 너무 복잡하게 자랄 경우 과적합하는 경향이 있다는 것이다. 이 문제는 2001년에 리오 브라이먼Leo Breiman의 훌륭한 인사이트에 의해 해결됐다. 리오는 각 트리와 특징의 깊이를 제한해서 각 트리가 약한 (과소적합의) 모델을 학습하게 했다. 다음으로는 각각의 약한 학습 트리가 앙상블을 생성하고 예측에 대해 투표하도록 했다. 그 결과로, 스스로 튜닝하고 새로운 데이터에 대해 일반화가 잘되는 모델이 됐다.

의사 결정 트리

의사 결정 트리 분류기는 인간이 결정하는 것과 비슷한 방법으로 일련의 논리 트리를 생성한다. 그 결과는 이해할 수 있는 아주 투명한 의사 결정 함수다. 트리는 소스 노드에서 모든 데이터를 가지고 시작하며, 데이터의 특정한 특징을 사용해 두 개의 노드로 갈라진다. 예를 들어, 아래의 예제 트리에서 첫 번째 가지는 '맑은 오후?'라는 특징에 대해 만들어진다. 이 트리는 잎사귀 노드[leaf node]라고 부르는 최종 노드에 이를 때까지 확장된다. 노드의 각 수준은 새로운 깊이[depth] 값이다. 트리가 생성된 뒤에 새로운 데이터에 대한 예측(y_pred)은 소스 노드에서 새로운 예가 도달하는 잎사귀 노드 사이를 왔다갔다 하면서 이뤄진다. 다음 다이어그램을 잘 살펴보자.

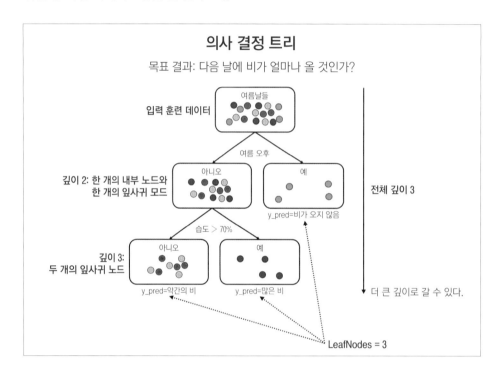

Gini를 활용한 노드 분할

의사 결정 트리 알고리즘은 어디서 어떻게 노드를 분할할지를 학습해야 한다. 노드 분할은 불순도[impurity]에 기반한 아주 간단한 관계에 의해 이뤄진다. 불순도는 현재 노드의 데이터에 대해 얼마나 예측이 신뢰할 만한지를 보여주는 지표다. 수학적으로 논하자면, 현재 콘텐츠의 분포에 기반해서 어떻게 노드가 랜덤하게 선택된 데이터 포인트를 잘 분류할 수 있는지에 대한 것이다. 가능한 최소 불순도는 0이고, 노드 안의 모든 예들이 같은 클래스에 있을 때 일어난다. 물론 완벽한 잎사귀 노드만이 $impurity=0$이 될 수 있다. 어디에서 분할할지에 대한 결정은 입력 특징과 그 전체의 범위를 돌아다니면서 어떤 분할 위치가 자식 노드에서 최소의 불순도를 갖는지에 달렸다. Imp를 불순도라고 하면, 분할 위치는 다음의 최소화 문제를 푸는 것이 된다.

$$노드\ 분할\ 위치 = min(Imp_{child1} + Imp_{child2})$$

다음 다이어그램은 불순도의 합을 최소화하고자 하는 자식 노드를 보여준다.

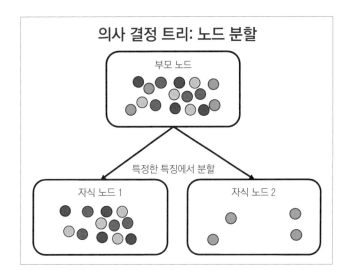

다음 단계는 불순도를 계량화하는 것이다. 이를 위한 몇 가지 인기 있는 방법들이 있지만, 결과는 대부분의 경우 동일하므로 그중 한 가지만 알면 된다. scikit-learn은 Gini를 의사 결정 트리 노드 분할의 기본 지표로 사용한다. 현재 노드의 i개 클래스의 리스트가 $[1,2,3,\cdots,j]$이고 그 노드에서의 데이터 포인트를 랜덤으로 선택했을 때 클래스를 맞게 선택할 확률이 p라면, Gini는 다음의 방정식에 의해 계산된다.

$$Gini\ imp = 1 - \sum_{i=1}^{j} p_i^2$$

scikit-learn에서의 의사 결정 트리 분류는 DecisionTreeClassifier 모듈을 사용한다. 트리의 깊이는 max_depth 옵션으로 제한할 수 있다.

```
### 의사 결정 트리 분류 ###
# 모듈 임포트
from sklearn.tree import DecisionTreeClassifier
from sklearn.metrics import f1_score

# moon 데이터 얻기
X_train, X_test, y_train, y_test = get_moon_data()

# 분류 객체 초기화와 훈련 데이터에 대한 적합
clf = DecisionTreeClassifier(max_depth=4, random_state=42)
clf.fit(X_train, y_train)

# 테스트 데이터상에서의 예측과 y_test에 대한 예측 점수화
y_pred = clf.predict(X_test)
f1 = f1_score(y_test, y_pred)
print('f1 score is = ' + str(f1))
```

이 코드를 수행한 결과는 다음과 같다.

```
f1 score is = 0.739
```

랜덤 포레스트

랜덤 포레스트는 작고 약한 일련의 트리로 이뤄진 앙상블 학습 알고리즘이며, 보통 수백 개의 학습 트리로 확장된다. 각각의 트리는 예측을 생성하기 위해 투표한다. 이 결과는 일반화가 아주 잘되는 기법이고, 분석가가 따로 튜닝을 거의 하지 않아도 된다. 포레스트의 전체 그림을 보여주는 다음 다이어그램을 잘 살펴보라.

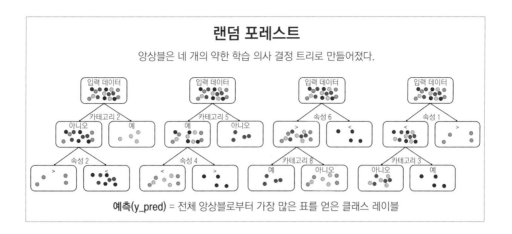

랜덤 포레스트

앙상블은 네 개의 약한 학습 의사 결정 트리로 만들어졌다.

예측(y_pred) = 전체 앙상블로부터 가장 많은 표를 얻은 클래스 레이블

과적합을 피하고 적합을 가속하기

랜덤 포레스트는 약한 학습 트리들이 과도하게 복잡한 매핑 함수를 적합하지 못하므로 고분산 과적합을 피하는 데 아주 좋다. 이 의사 결정 트리들은 다음의 두 전략을 통해 약하게 만들어진다.

- 트리의 깊이를 제한해서 복잡한 의사 결정 함수를 과적합하지 못하게 한다.
- 적합 도중에 데이터 포인트와 특징을 보여주지 않아서 과적합을 위한 충분한 정보를 제공하지 않는다.

이 전략의 장점은 적합의 속도를 점점 더 높이는 것에 의해서도 극대화된다. 정보가 많지 않은 작은 트리들은 복잡한 큰 트리들보다 훨씬 빠르게 적합된다.

각 노드 분할에 대해 어떤 특징들을 사용 가능하게 할지 결정하는 간단한 규칙은 랜덤으로 선택된 $sqrt(n)$개의 특징들을 사용하는 것이다.

배깅을 사용한 내장된 검증 기능

약한 학습 트리 전략의 다른 훌륭한 결과는 각 트리에 대해 선택된 데이터 포인트에 집중할 때 더욱 명확해진다. 일부는 배깅^bagging이라 불리는 전략에 의해 의도적으로 제외된다. 배깅은 랜덤으로 샘플의 일부분을 백^bag에 담는 것이고, 나머지는 아웃 오브 백^out-of-

^{bag}(OOB)이 된다. OOB 집합은 내부적인 검증 데이터가 된다. 그러므로 각 트리는 예측을 비교할 OOB 데이터를 갖는다. 이 결과 덕분에 랜덤 포레스트 모델의 성능을 검증하기 위한 별도의 교차 검증 전략을 적용하지 않아도 된다.

 배깅은 보통 '대체(replacement)'로 이뤄진다. 대체는 겹치는 데이터가 각 백에 허용되는 것을 의미하고 부트스트래핑(bootstrapping)이라 불린다. 분류에서 부트스트랩의 결과는 각 백에 인공적으로 더 많은 변종을 더하는 것이 된다.

scikit-learn에서의 랜덤 포레스트 분류는 RandomForestClassifier 모듈을 사용해 이뤄진다. n_estimator 옵션을 통해 원소의 수를 정할 수 있고, max_features 옵션을 통해 각 노드 분할에서 가능한 특징들을 정할 수 있으며, max_depth 옵션을 통해 트리의 깊이를 제한할 수 있다.

```
### 랜덤 포레스트 분류 ###
# 모듈 임포트
from sklearn.ensemble import RandomForestClassifier
from sklearn.metrics import f1_score

# moon 데이터 얻기
X_train, X_test, y_train, y_test = get_moon_data()

# 분류 객체 초기화와 훈련 데이터에 대한 적합
clf = RandomForestClassifier(max_depth=4, n_estimators=4,
                             max_features='sqrt', random_state=42)
clf.fit(X_train, y_train)

# 테스트 데이터상에서의 예측과 y_test에 대한 예측 점수화
y_pred = clf.predict(X_test)
f1 = f1_score(y_test, y_pred)
print('f1 score is = ' + str(f1))
```

이 코드를 수행한 결과는 다음과 같다.

```
f1 score is = 0.775
```

객체 초기화 과정에서 oob_score 옵션을 사용함으로써 검증을 위해 랜덤 포레스트 모델로 하여금 OOB 점수를 계산하게 할 수 있다.

```
### 검증 데이터를 위한 OOB 사용 ###
# 분류 객체 초기화와 훈련 데이터에 대한 적합
clf = RandomForestClassifier(max_depth=4, n_estimators=10,
                             max_features='sqrt', random_state=42,
                             oob_score=True)
clf.fit(X_train, y_train)

# OOB를 사용한 예측 점수화
oob_score = clf.oob_score_
print('OOB score is = ' + str(oob_score))
```

이 코드를 수행한 결과는 다음과 같다.

```
OOB score is = 0.73
```

▌ 예측 모델의 튜닝

예측 모델을 튜닝하는 것은 데이터 마이닝 프로젝트에서 최선의 결과를 얻는 데 필수적이다. 이 장에서 소개되는 두 종류의 매개변수가 있다. 첫 번째는 가설 함수의 내부 매개변수이고, 가중치 벡터 Θ 안에서 개별 θ로 저장된다. 이 매개변수들은 손실 함수의 최소화 과정에서 튜닝된다. 두 번째는 손실 함수에 더해지는 상수이거나 내부 매개변수의 튜닝에 영향을 주는 최소화(예를 들면 기울기 하강) 함수이고, 초매개변수라 부른다. 초매개변수들은 이 절에서 다룰 튜닝 전략의 주제다.

초매개변수 튜닝은 실무자들에 의해 손잡이를 살짝 조정하는 것으로 묘사된다. 분석적 도구들이 실제 조정을 위한 손잡이가 있었던 아날로그 시절 공학의 추억인 셈이다. 그때의 튜닝 전략은 종종 시행착오적 유형이었고 '추측하고 점검해보기'로 불리기도 했다.

교차 검증

미래 데이터의 일반화를 추정하기 위해, 입력 데이터의 조심스러운 분할은 아주 중요하고 아직 보지 못한 데이터의 추정 성능을 계량화할 수 있는 최고의 기회다. 고분산 과적합은 새로운 데이터에 적용될 때는 잘 해석되지 않음을 기억하라. 이에 대한 자세한 사항은 이 장의 앞부분에 나오는 '품질 체계 적합하기' 절을 참고하라. 분석가로서 고분산 체계를 피하는 것은 예측 작업에서 꼭 명심해야 할 부분이다. 교차 검증의 목적은 높은 신뢰성으로 일반화를 예측하는 것이므로, 추정에 기반해서 자신 있게 튜닝할 수 있게 된다. 첫 번째 단계는 훈련 데이터(X_train)와 테스트 데이터(X_test)에 검증 데이터 집합을 추가하는 것이다.

검증 데이터 개론

훈련 데이터에서 모델을 수립하고, 테스트 데이터에서 점수화하고, 튜닝하는 과정을 반복하면 되지 않는가라고 생각하기 쉽다. 이 전략이 최고가 아닌 이유는 테스트 데이터가 다음 튜닝(혹은 초매개변수)의 입력을 제공하기 때문이다. 이 경우 테스트 데이터는 훈련 과정의 일부가 되므로 더 이상 진정한 테스트 데이터가 될 수 없다. 이 수정은 훈련 데이터에서 분리된 검증 데이터를 사용해서 이뤄진다. 검증 데이터는 훈련 과정이 끝날 때까지 테스트 데이터가 보여지지 않고, 일반화의 실제 수리적 점수화에서만 사용될 수 있게 해준다. 다음 다이어그램은 검증 데이터를 생성하기 위한 추가적인 스플릿^{split}을 만드는 과정을 설명해준다.

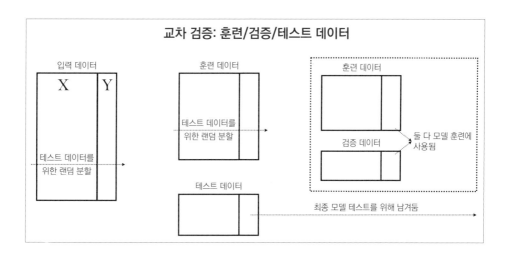

scikit-learn에서 검증 데이터를 사용하는 것은 간단하며, 다음과 같다.

```
### 교차 검증 ###
# iris 데이터 로딩과 x, y 생성
from sklearn.datasets import load_iris
dataset = load_iris()
X,y = dataset.data, dataset.target

# 모듈 임포트
from sklearn.model_selection import train_test_split

# 훈련 및 테스트 데이터 생성
X_train, X_test, y_train, y_test = \
        train_test_split(X, y, test_size=.33)
# 훈련 데이터로부터 검증 데이터 생성
X_train, X_val, y_train, y_val = \
        train_test_split(X, y, test_size=.33)
```

K-폴드 기법을 이용한 복수의 검증 데이터셋

교차 검증에 대한 가장 흔한 전략은 K-폴드K-fold 기법이다. 이 기법은 데이터를 복수의 폴드fold로 나눈 뒤 각 폴드에 대해 훈련/검증 데이터를 생성하기 위해 차례로 폴드를 사용한다. 그러고 나서, 튜닝을 할 때는 각 폴드별로 별도의 모델을 수립하고 각 튜닝마다의 점수화를 평균한다. 다음은 이 전략을 시각적으로 설명해준다.

scikit-learn은 복수의 폴드에 대해 모델을 적합하고 각 폴드마다 점수를 보여주는 cross_val_score 모듈을 제공한다. 다음은 로지스틱 회귀를 분류기로 사용하고 다섯 개의 폴드 교차 검증에 대해 cv=5 옵션을 사용하는 예다.

```
### K-폴드 교차 검증 ###
# iris 데이터 로딩과 x, y 생성
from sklearn.datasets import load_iris
dataset = load_iris()
X,y = dataset.data, dataset.target

# 모듈 임포트
from sklearn.linear_model import LogisticRegression
from sklearn.model_selection import cross_val_score
from sklearn import metrics
from sklearn.model_selection import train_test_split

# 훈련 및 테스트 데이터 생성
X_train, X_test, y_train, y_test = \
```

```
          train_test_split(X, y, test_size=.33)
```

```
# 분류 객체 초기화 및 cross_val_score 함수에 전달
clf = LogisticRegression(solver='lbfgs', multi_class='ovr')
scores = cross_val_score(clf, X_train, y_train, cv=5, scoring='f1_macro')
print(scores)
```

이 코드를 수행한 결과는 다음과 같다.

```
[0.9280303 0.92207792 0.88854489 0.95848596]
```


초매개변수 튜닝을 위한 그리드 검색

초매개변수 튜닝의 과정은 보통 '손잡이 튜닝knob tuning'이라고도 한다. 돌려야 할 손잡이
와 시도하고자 하는 손잡이의 위치를 정의해야 하기 때문이다. GridSearchCV 객체는 이
작업을 손쉽게 할 수 있다. 매개변수는 다음과 같이 정의하면 된다.

```
parameters = {'parameter1':['knob position 1', 'position2'],
'parameter1':['position1', 'position2']}
```

다음으로 그리드 검색 객체에 매개변수를 전달하고 수행한다. 다음의 예는 다른 커널 형
태에 대해 그리드 검색을 사용하고 C의 값을 SVM 분류기로 사용한다.

```
### K-폴드 교차 검증을 통한 그리드 검색 ###
# iris 데이터 로딩과 x,y 설정
from sklearn.datasets import load_iris
dataset = load_iris()
X,y = dataset.data, dataset.target

# 모듈 임포트
from sklearn.svm import SVC
```

```
from sklearn.model_selection import GridSearchCV
from sklearn import metrics
from sklearn.model_selection import train_test_split

# 훈련 및 테스트 데이터 생성
X_train, X_test, y_train, y_test = \
        train_test_split(X, y, test_size=.33)
# svc 및 그리드 검색 객체의 초기화와 적합
parameters = {'kernel':('linear', 'rbf'), 'C':[1, 5, 10]}
svc = SVC(gamma='auto')
clf = GridSearchCV(svc, parameters, cv=5, scoring='f1_macro')
clf.fit(X_train, y_train)

# 최상의 점수화 분류기 출력
print('Best score is = ' + str(clf.best_score_))
print('Best parameters are = ' + str(clf.best_params_))
```

이 코드를 수행한 결과는 다음과 같다.

```
Best score is = 0.9702253302253303
Best parameters are = {'C': 5, 'kernel': 'rbf'}
```

scikit-learn에서 이용할 수 있는 한 가지 편리한 방법은 그리드 검색 객체를 새로운 데이터에 대한 훈련된 분류기로 사용하는 것이다. 이는 그리드 검색 예제에서의 clf 객체가 예측 모델로서 바로 사용될 수 있음을 의미한다.

```
# 결과 분류기를 새로운 데이터상에서 예측하는 데 사용
y_pred = clf.predict(X_test)
```

▌ 요약

6장에서는 손실 함수의 기울기 하강을 통해 어떻게 컴퓨터가 예측 모델을 학습하는지 알수 있는 기본적인 내용을 다뤘다. 다음으로 과적합과 과소적합, 그리고 적합 도중에 모델을 규칙화하는 페널티 접근을 다뤘다. 이어서 흔한 회귀와 분류 기법을 다뤘고, 각각의 규칙화된 버전들을 살펴봤다. 대형 마진과 트리 기반의 분류 기법은 인사이트에 의한 방법으로 설명됐다. 교차 검증과 그리드 검색을 포함한 모델 튜닝의 모범 사례들로 마무리 됐다. 이제 컴퓨터가 예측 모델을 학습하는 것을 개괄적으로 이해할 수 있을 것이다. 문제에 대해 어떤 기법을 적용하고 모델을 검증하기 위해 어떻게 튜닝할지 판단할 수 있는 인사이트도 어느 정도 생겼을 것이다.

7장에서는 변환, 클러스터링, 그리고 수립한 모델을 구현하는 것과 더불어 단일 데이터 마이닝 파이프라인으로서 일련의 기술을 생각하는 것이 얼마나 중요한지도 함께 살펴본다.

고급 주제: 데이터 처리 파이프라인의 생성과 사용

7장에서는 미래의 입력 데이터에 대한 데이터 처리 파이프라인을 생성하고 구현하기 위한 전략을 다룬다. 또한 구현을 위해 필요한 영구적인 모델 저장소도 살펴본다. 마지막으로는 파이썬의 구현 특징에 대한 특별한 결과들도 다룬다.

7장에서는 다음의 주제들을 다룬다.

- 분석 파이프라인 생성
- 구현을 위한 모델 저장
- 구현된 모델 로딩
- 파이썬에 관한 구현 이슈들

▌ 자신의 분석 파이프라인 생성

파이프라인 분석은 단일 함수 혹은 객체로 저장된 일련의 단계다. 분석에 대한 프레임워크를 제공하는 것 외에도, 파이프라인을 생성하는 가장 중요한 이유는 워크플로를 재생성하거나 워크플로를 새로운 데이터에 적용할 경우 무엇이 필요한지를 분석할 때 명확해진다. 이제 여러 가지 데이터 마이닝 기법들을 접했으므로, 몇 가지 중요한 사실들을 점검할 때다.

- 대부분의 분석 워크플로는 복수의 단계를 거친다(클리닝, 스케일링, 변환, 클러스터링 등).
- 워크플로를 재생성하기 위해 모든 단계들은 정확한 순서로 이뤄져야 한다.
- 위 단계들을 정확하게 재성성하지 못하면 잘못된 정보가 생성되고, 잘못된 정보가 생성됐다는 사실을 눈치채지 못할 수 있다.
- 인간은 실수할 수 있으므로, 실수를 방지할 장치를 만들어야 한다.

이러한 실수를 방지할 수 있는 도구는 파이프라인을 생성하고, 로컬에서 테스트하고, 완성된 제품으로서 전체 파이프라인을 구현하는 것이다.

 분석 워크플로를 개발할 때 자신의 파이프라인을 생성하는 것은 좋은 생각이다. 이렇게 하면 여러분이 적용한 단계들이 파이프라인에서 정확하게 수집됐다는 것을 신뢰할 수 있게 된다.

scikit-learn의 파이프라인 객체

scikit-learn은 변환기와 추정기 API를 둘 다 사용하는 객체와 호환 가능한 Pipeline 객체를 제공한다. 파이프라인에서의 스텝으로 GridSearchCV를 사용하므로, 파이프라인을 튜닝을 위해 사용할 수 있고 결과는 자동으로 파이프에 저장된다.

첫 번째 예에서는 PCA를 사용해 데이터를 변환하고 LogisticRegression으로 레이블을 예측하는 파이프라인을 생성한다. 먼저 iris 데이터와 요구되는 모듈들을 로딩하고, 데이터를 훈련 데이터와 테스트 데이터로 나눈다. 그리드 검색에서 K-폴드 검증을 사용하므로 별도의 검증 데이터를 만들 필요는 없다. 다음의 코드부터 시작해보자.

```
### 파이프라인 생성 ###
# iris 데이터 로딩과 x, y 생성
from sklearn.datasets import load_iris
dataset = load_iris()
X,y = dataset.data, dataset.target

# 모듈 임포트
from sklearn.decomposition import PCA
from sklearn.linear_model import LogisticRegression
from sklearn.pipeline import Pipeline
from sklearn.model_selection import GridSearchCV
from sklearn.model_selection import train_test_split

# 훈련과 테스트 데이터 생성
X_train, X_test, y_train, y_test = \
        train_test_split(X, y, test_size=.33)
```

먼저 Pipeline 객체의 사용에 대해 의사 코드를 살펴본다. 이 과정은 transformer와 estimator 모듈을 임포트하고 6장에서 했던 것처럼 객체를 초기화하는 것으로 시작한다. 다음으로 Pipeline을 생성하고 수행하고자 하는 순서대로 리스트를 스텝으로서 전달한다. 이 리스트는 두 개 이상의 스텝이 될 수 있으며, 기억하기 쉽도록 각 스텝에 유용한 이름을 부여할 수 있다. 대부분의 분석가들은 PCA, SVC, Random Forest와 같은 기법 이름을 사용한다. 마지막으로, fit()과 predict() 기법을 사용해서 추정기 API를 통해 다른 기법과 마찬가지로 전체 파이프라인을 사용할 수 있다. 각 스텝을 나열하는 다음의 의사 코드 버전을 살펴보자.

```
### 이것은 의사 코드이므로 실행되지 않는다 ###
# 모듈 임포트
from sklearn.pipeline import Pipeline
```

```
from sklearn import transformer
from sklearn import estimator

# 변환기와 분류기 객체 초기화
method1 = transformer(args)
method2 = estimator(args)

# 파이프라인 초기화와 파이프라인에 단계 더하기
pipe = Pipeline([('helpful name 1', method1), ('helpful name 2', method2)])

# 단계 목록명 출력
print(pipe.steps[0])

# 적합과 예측
pipe.fit(X_train,y_train)
pip.predict(X_test)
```

이제 transformer와 classifier 객체를 초기화하고, 그 객체들을 pipe라고 이름 붙여진 파이프라인에 보낸다.

```
# 변환기와 분류기 객체 초기화
pca = PCA()
logistic = LogisticRegression(solver='liblinear', multi_class='ovr', C=1.5)

# 파이프라인 초기화와 파이프라인에 단계 더하기
pipe = Pipeline(steps=[('pca', pca), ('logistic', logistic)])
```

다음으로 그리드 검색에서 사용될 매개변수 그리드를 생성하고 그리드 검색 객체를 초기화한다. 여기서 5-폴드 교차 검증을 통해 로지스틱 회귀에 대한 PCA의 n_compenents와 C 값을 테스트해본다. 마지막으로, 데이터를 모델에 적합하고 가장 좋은 매개변수를 출력한다.

```
# 그리드 검색에 전달될 매개변수 그리드 설정
param_grid = {
    'pca__n_components': [2, 3, 4],
```

```
    'logistic__C': [0.5, 1, 5, 10],
}

# 그리드 검색 객체 초기화와 파이프 및 param_grid 전달
model = GridSearchCV(pipe, param_grid, iid=False, cv=5,
                        return_train_score=False)

# 그리드 검색과 5-폴드 교차 검증을 통한 전체 파이프라인 적합
model.fit(X_train, y_train)
print("Best parameter (CV score=%0.3f):" % model.best_score_)
print(model.best_params_)
```

위의 코드 수행 결과는 다음과 같다.

```
Best parameter (CV score=0.961):
{'logistic__C': 10, 'pca__n_components': 4}
```

전체 파이프라인 모델은 .predict() 기법으로 새로운 데이터를 예측하는 데 사용될 수 있다.

```
# 결과 파이프라인을 새로운 데이터상에서 예측하는 데 사용
y_pred = model.predict(X_test)
```

▍ 모델 구현하기

프로덕션 환경에서 구현은 모델을 야생에 풀어놓고 새로운 데이터를 사용해 구동하는 단계다. 하지만 데이터 마이닝은 또한 많은 로컬 분석 워크플로를 생성한다. 이 워크플로는 꼭 구현될 필요가 없지만, 나중에 분석을 재생성하기 위해 저장되고 재로딩돼야 한다. 이두 경우는 모델의 지속성이라 불리는 성질을 요구한다. 지속성은 모델이 저장되고 나중에 다시 사용될 수 있어야 한다는 것을 의미한다. 파이썬은 객체지향 언어이고, scikit-learn은 대부분의 분석 루틴에서 적절하게 객체를 사용한다. 객체를 저장하는 것은 문자열로 이뤄진 텍스트 파일을 저장하는 것처럼 간단하지는 않다. 그 대신 신뢰할 수 있고 오류가 없는 방법으로 저장하기 위해 연속화라는 과정을 요구한다. 가장 인기 있는 연속화 패키지는 파이썬 코어 라이브러리인 pickle이다. pickle은 우리의 연속화 예제에서 사용될 것이다.

pickle 모듈을 통해 모델을 연속화하고 저장하기

pickle 모듈은 scikit-learn의 transformers 및 estimators와 호환된다. 또한 편리하게도 scikit-learn의 그리드 검색 및 pipeline 객체와도 호환된다. 연속화와 저장이 .dump()라고 불리는 단일 기법으로 수행되기 때문에 사용하기 쉽다. 다음 예는 pickle을 사용해서 파이프라인 모델을 연속화하고 model.pkl이라는 파일에 저장하는 과정을 보여준다.

```
### pickle 모듈을 통해 모델 저장 ###
# 모듈 임포트
import pickle

# 파이프라인 모델을 디스크에 저장하기
pickle.dump(model, open('./model_storage/model.pkl', 'wb'))
```

연속화된 모델을 로딩하고 예측하기

프로덕션 혹은 로컬 환경에서 모델을 사용할 준비가 됐을 때는 pickle을 사용해서 로딩하고 새로운 로컬 객체로 저장하면 된다. 새롭게 로딩된 모델 객체를 마치 모델의 원래 버전이었던 것처럼 model_load라고 이름 붙인다. 다음의 코드 예제를 보자.

```
# 파이프라인 모델을 디스크로부터 불러오기
model_load = pickle.load(open('./model_storage/model.pkl', 'rb'))
```

```
# 로딩된 파이프라인 모델을 사용해 새로운 데이터상에서 예측하기
y_pred = model_load.predict(X_test)
```

▌ 파이썬에서의 구현 문제

파이썬은 컴파일 프로그래밍 언어가 아니며 수행과 동시에 해석된다. 여기서는 7장에서의 단계를 따라갈 때 수행 가능한 프로그램을 다루는 것이 아니고 단지 객체를 다룰 뿐이라는 점을 명심해야 한다. 로딩 시점에서 환경은 객체의 내용과 호환돼야 한다. 호환 관련 사항은 종종 라이브러리들이 시간이 지남에 따라 변하므로 버전의 일치 문제를 의미한다. 그리고 pickle에 대한 기본 연속화 프로토콜은 파이썬 2와 호환되지 않으므로, 파이썬 버전을 바꾸면 프로토콜도 바꿔줘야 한다.

마지막으로, 연속화된 객체는 누구나 파일을 압축할 수 있는 zip 파일과 비슷하고 압축을 해제하기 전까지는 그 안에 무엇이 들어있는지 알 수 없다. 투명하지 않은 파일 종류와 관련해서 보안은 언제든지 문제가 될 수 있다.

 pickle을 사용하기 전에 호환성과 보안을 다룬 pickle 문서들을 읽어봐야 한다. https://docs.python.org/3/library/pickle.html에서 해당 문서를 찾아볼 수 있다.

▌ 요약

7장에서는 scikit-learn에 내장된 기법들을 활용한 파이프라인 및 구현 전략을 다뤘다. 그리고 모델의 연속화와 저장을 위한 pickle 모듈을 살펴보고, 구현 시점에 파이썬에서 조심해야 할 부분들을 다뤘다. 2장의 코드로 돌아가서, scikit-learn 파이프라인으로서 전체적인 데이터 마이닝 워크플로를 생성해볼 것을 권한다.

연습을 대체할 수 있는 것은 없으므로, 무료로 습득 가능한 데이터를 찾아서 해볼 수 있는 만큼 실제적인 문제를 해결해보자. 분석 경연대회에 참가해보고, 자신의 코드를 동료들과 공유해서 상호 리뷰와 토론을 해보자. 자신에게 어려운 개념을 찾아서, 그 주제에 대한 다른 관점을 습득하기 위해 다른 강사나 저자들에게 설명을 부탁해보자. 개념을 충분히 이해할 때까지 포기하지 말자.

이 책에서 다룬 주제들은 현대적 머신 러닝과 인공지능 연구의 기초들이며, 이런 주제들을 부분적으로 이해하는 것만으로는 여전히 부족하다. 마지막으로 이 책의 주제들을 더욱 깊이 파고들고 싶다면, 1장에서 소개한 추가 학습을 위한 도서들을 살펴보자.

지금까지 이 책을 읽어준 독자들에게 감사의 마음을 전한다.

| 찾아보기 |

파이썬으로 데이터 마이닝 시작하기
데이터의 수집, 로딩, 변환, 클러스터링, 예측까지

발 행 | 2020년 1월 2일

지은이 | 나단 그리넬치
옮긴이 | 조 종 희

펴낸이 | 권 성 준
편집장 | 황 영 주
편 집 | 조 유 나
디자인 | 박 주 란

에이콘출판주식회사
서울특별시 양천구 국회대로 287 (목동)
전화 02-2653-7600, 팩스 02-2653-0433
www.acornpub.co.kr / editor@acornpub.co.kr

한국어판 ⓒ 에이콘출판주식회사, 2020, Printed in Korea.
ISBN 979-11-6175-366-9
http://www.acornpub.co.kr/book/python-data-mining

이 도서의 국립중앙도서관 출판시도서목록(CIP)은 서지정보유통지원시스템 홈페이지(http://seoji.nl.go.kr)와
국가자료공동목록시스템(http://www.nl.go.kr/kolisnet)에서 이용하실 수 있습니다.(CIP제어번호: CIP2019050431)

책값은 뒤표지에 있습니다.